한 국 교 회 처 음 예 배 당

1세대 교회에 서린 처음 사랑을 더듬어 가는 여정

한국 교회
처음 예배당

구본선 글 장석철 사진 이덕주 감수

홍성사

일러두기

칸은 건물의 기둥과 기둥 사이의 거리를 나타내는 길이 단위인 동시에, 사방 거리가 1칸인 넓이 단위이기도 합니다. 통상 여섯 자 제곱의 넓이인데 가옥에 따라 조금씩 상이합니다.

머리말 구본선

예배당, 역사와 사람을 만나는 곳

전국을 돌며 역사 깊은 예배당을 만났다. 강화읍성당(1900)이나 온수리성당(1911) 등 전통 한옥 예배당도 있었고, 정동제일교회(1897)나 공주제일교회(1930) 등 벽돌로 지은 예배당, 대구제일교회(1933)나 경북 안동교회(1937) 등 석조 예배당도 있었다. 예배당 건물 평면은 대부분 장방형이었는데, 영천에 있는 자천교회(1904)나 강경북옥교회(1923)는 정사각형인 점이 인상적이었다. 특히 금산교회(1908)와 두동교회(1929)는 ㄱ자로 구부러진 모습이 특별했다.

예배당마다 생겨난 배경이 있었고, 그곳 사람들의 이야기가 있었다. 만약 이 교회 건물들이 없어졌다면, 자천교회와 척곡교회를 설립한 권헌중과 김종숙의 신앙과 애국계몽운동 그리고 순교의 길을 택한 행곡교회 전치규, 전병무, 남석천과 목포양동교회 박연세에 대한 기억도 끊어지고 말았을 것이다.

사진 속 예배당은 단장한 신부처럼 고운 자태로 앉아 있다. 그 자체로도 아름답지만 직접 찾아가 보고 사람들을 만나 이야기를 들을 때, 피로연에서 인사를 나누고 여흥을 즐기듯 더욱 반갑고 편안하다. 부산과 대구, 목포에는 기독교 유적이 근방에 몰려 있어 걸어서 예배당과 주변

문화 유적지까지 둘러볼 수 있었다. 특히 대구제일교회를 찾았을 때, 김원일의 소설《마당 깊은 집》의 배경이 된 집이 교회 바로 옆에 있어 얼마나 반가웠는지 모른다. 처음 만난 방문객을 한사코 붙잡으며 "저녁 같이 먹고 가요, 우리 교회에서 자고 가요" 하시던 행곡교회 목사님도 기억에 남는다. 자천교회 목사님이나 척곡교회 장로님처럼 교회 역사에 대해 강한 자부심을 가진 분들도 있었지만, 옛 예배당이 어디에 있는지도 모르고 교회 역사에 관심을 두지 않는 교인들을 만나면 무척 안타까웠다.

오래된 예배당을 답사하고 글을 써보고 싶었는데 이덕주 교수님이 좋은 기회를 만들어 주셨다. 길눈이 어둡다는 태생적 한계를 극복하고 전국의 처음 예배당과 만날 수 있도록 기꺼이 운전기사가 되어 준 동료 목사님들에게 고마움을 전한다.

예배당은 그저 건물이 아니라, 교회 고유의 역사와 신학이 담기는 곳이다. 이 책을 통해 오랜 예배당을 찾아가 보기도 하고, 역사를 더듬어 본다면 신앙생활이 좀 더 풍요로워지리라 믿는다.

머리말

장석철

한국 기독교 200주년을 맞이할 예배당을 기대하며

2007년, 한국 개신교는 평양대부흥운동 100주년 기념행사를 교파를 초월해 대대적으로 진행했습니다. 이때 역사가 오랜 교회에 표창을 했는데, 우리나라에 백 년 이상 된 교회가 5백여 개나 된다는 사실을 처음 알게 되었습니다. 기독교인의 한 사람으로 이 교회들이 어디에 어떤 모습으로 남아 있을까 하는 호기심이 발동하여 찾아보기로 했습니다. 여러 방면으로 수소문해 보았으나 안타깝게도 옛 모습의 건물이 남아 있는 교회는 드물었습니다. 한국 근대사 백여 년을 더듬어 보면, 일제 강점기와 한국전쟁이라는 격동기를 거치면서 많은 교회 건물이 파괴되거나 소실되었고, 경제 발전에 의한 도시계획 등으로 건물의 이전 및 철거가 횡행하면서 문화재적 가치가 적은 교회 건물은 쉽게 사라졌습니다. 또 많은 교회에서 교세가 확장돼 교인 수가 늘면 공간 확보를 이유로 기존 건물을 철거하고 대형 건물을 신축하느라 현재 80년 이상의 건축령을 가진 교회 건물은 채 서른 곳도 되지 않았습니다.

저는 교회 역사에 대한 지식은 부족하지만, 전공이 건축인지라 교회 건축이나 건물에 관심이 많아 남아 있는 옛 교회 모습을 촬영해 널리 알리고 싶었습니다. 여러 목사님과 장로님의 조언과 교회사 서적을 참고해

1년여에 걸쳐 전국을 돌며 스물네 개 교회를 촬영했습니다. 그러나 강원도와 제주도에는 남아 있는 옛 교회가 없어 몹시 안타깝습니다.

사진으로 담은 교회들은 종교적 특징이 돋보이기보다 한국의 여느 고건축물과 비슷한 모습이었는데, 교회 건물을 ㄱ자로 배치해 남녀 교인이 구별되어 예배드리는 금산교회와 두동교회가 인상적이었습니다. 예의와 남녀유별을 강조하던 당시의 사회 분위기가 건축물을 통해 전해지는 듯했습니다. 교인들은 도회지로 떠나고 담임 목사도 없는 교회를 여든이 넘는 연세에도 묵묵히 지키는 경북 봉화의 척곡교회 김영성 장로님처럼 훌륭한 분을 떠올리면 지금도 마음이 숙연해집니다.

유럽에 가면 몇백 년 된 교회 건물이 많이 남아 있습니다. 지금의 우리 교회도 백 년, 2백 년이 지나면 고색창연한 교회가 될 것이므로, 이제부터라도 교회를 잘 보존하고 유지해 나가려는 노력을 기울이는 데 이 책이 기여할 수 있기를 소망합니다.

감수자의 말 　이덕주

소명감 하나로 완성된 책

　20년쯤 전이다. "대표적인 한국 교회를 보고 싶다"는 독일 목회자와 신학자 몇 명을 안내한 적이 있다. 나는 그들을 여의도에 있는 대형교회로 데려갔다. 급속한 부흥과 성장을 이룩한 교회를 소개하고 싶어 주일 낮 예배에 참석해 '역동적인' 예배 모습을 보여 주었다. 엄청난 인파가 모인 것을 보고 손님들은 자못 놀라는 눈치였다. 예배를 마치고 나오면서 그들은 서로 쳐다보며 "김나지움?Gymnasium" 했다. 체육관 같다는 뜻이다. 그래서 이번에는 명동으로 가서, 가톨릭과 개신교의 대표적인 두 교회를 보여 주었다. 붉은 벽돌과 화강암으로 지은 고딕 예배당에서 드려지는 '고전적' 예배를 경험했다. 여의도 교회만큼은 되지 않아도 수천 명 교세를 자랑하는 교회들이기에 경건과 부흥을 동시에 느낄 수 있을 것으로 예상했다. 그런데 이번에도 독일 손님들은 별로 감동을 받지 못한 모습이었다. "독일뿐 아니라 유럽 어디를 가도 이보다 크고, 화려하고, 웅장하고, 아름다운 고딕 예배당을 볼 수 있다. 세계 어디에도 없는, 오직 한국에서만 볼 수 있는 교회는 없는가?" 그제야 그들이 원하는 것은 한국의 '큰 교회'grosse Kirche가 아니라 '한국적인 교회'Koreanische Kirche라는 것을 알았다.

　평소 가장 '토착적' 예배당으로 생각했던 성공회 강화읍성당으로 안내했다. 그들은 백여 년 전 백두산 적송으로 지은 예배당에서 풍겨 나는 은은한 향기를 맡으며 한동안 묵상했다. 그리고 벅찬 표정으로, "얼마나 아름다운가! 이런 교회를 유럽 어디에서 볼 것인가? 바로 이거다!" 했다.

하지만 참으로 많은 교회사 유산과 유적이 소멸되었다. 일제 강점기와 전쟁, 격동의 개발과 성장 시대를 거치면서 불가피하게 파괴된 것도 많지만, 교회 지도자들의 역사 인식 부족으로 훼손된 것도 많다. 더욱 안타까운 것은 이것이 '현재진행형'이라는 점이다. 허물어지고 사라져 가는 건물이나 유적을 볼 때마다 기록이라도 남겨 두었으면 하는 마음이 간절했다. 그즈음 장석철 집사님을 만났다. 전국 각지를 돌며, 어떤 때는 좋은 사진을 위해 사다리를 타고 오르다 미끄러져 몇 달을 고생하시며 찍은 사진은 격이 달랐다. 목사나 교인 관점에서 예배당을 보았던 나와는 달리, 집사님은 이웃 주민의 관점에서, 때로는 높은 곳에서 내려다보시는 주님의 관점에서 사진을 만드셨다. 사진 속 예배당은 하나같이 고상한 아름다움과 역경 속에서 신앙을 지켜 온 한국 교회 한 세기 역사의 향기를 머금고 있었다. 구본선 목사님은 그 예배당들을 방문해 살피고 조사하여 훌륭한 원고를 만들었다. 오랜 기다림과 사명감의 결과라 그런지 더욱 소중한 책이다. 독자들은 특별한 섭리 가운데 이루어진 '만남'의 흔적을 느낄 수 있을 것이다. 특히 다음 세 가지 만남을 강조하고 싶다.

첫째, 사진과 글의 만남이다. 이 책은 화보이며 동시에 교회사 책이다. 소명감으로 셔터를 누른 사진작가의 작품과 문서 자료와 현장 유적을 꼼꼼하게 따져 가며 기록한 젊은 교회사가의 글이 조화를 이룬다. 그래서 이 책은 먼저 현장을 답사하듯 사진을 죽 훑어본 다음, 안내자의 해설을 듣는 것처럼 글을 읽으면 좋다. 그리고 다시 한 번 사진을 보면 글과 이미지가 주고받는 대화를 들을 수 있을 것이다.

둘째, 복음과 역사의 만남이다. 이 책에 소개된 예배당들은 백 년을 넘거나 그에 가까운 역사를 간직한 교회들이다. 한말 개화기에 복음을 접한 1세대 신앙인들의 감격과 헌신, 일제 강점기를 살았던 2세대 신앙인들의 고난과 투쟁, 그리고 해방 후 격동의 현대사를 살았던 3세대의 절망과 도전의 역사를 말없이 전하고 있다. 그러므로 흠집을 찾아내려 따지듯 달려들기보다는 여유로운 호기심을 갖고 살펴볼 때 훨씬 많은 것을 얻을 수 있을 것이다.

셋째, 기독교와 문화의 만남이다. 신학자 틸리히의 "종교는 문화의 내용이며, 문화는 종교의 형식이다"라는 말처럼, 어떤 종교든 문화를 통하지 않고는 자신을 표현할 수 없으며 모든 문화는 그 안에 정신적, 종교적 가치와 의미를 담고 있다. 기독교문화도 마찬가지여서 시대와 민족에 따라 다양한 색깔의 문화가 만들어졌다. 내용에서 같지만 유럽의 기독교문화와 아시아의 기독교문화가 다른 것은 이 때문이다. 한민족 고유의 문화를 빌려 자신을 표현하면서 한국에서만 볼 수 있는 독특한 기독교문화가 창조되었고, 그것은 서구 기독교문화나 한국 고유문화와 '연결되면서도 구별되는' 독특한 문화로 자리 잡게 되었다. 이 책에 수록된 예배당들이 구체적인 증거물이다. 특히 아름다운 곡선의 한옥 예배당은 세계 어디에서도 찾아볼 수 없는, 한국 교회가 자랑할 만한 문화유산이다.

　이 책을 통해 많은 독자들이 만남과 섭리의 은총을 경험했으면 좋겠다. 하는 일은 다르지만 같은 목적으로 합력할 수 있었던 사진작가와 교회사학자, 출판인의 거룩한 소명감도 함께 느끼길 바란다. 그리하여 이 책이 세속적 물질주의와 탐욕적 이기주의의 포로가 되어 권위와 생명력을 잃고 위기에 처한 오늘의 한국 교회를 되살릴 '초대교회의 처음 사랑 회복'(계 2:4-5)에 자극과 용기가 되었으면 좋겠다.

차례

머리말 예배당, 역사와 사람을 만나는 곳·구본선 6
머리말 한국 기독교 200주년을 맞이할 예배당을 기대하며·장석철 8
감수자의 말 소명감 하나로 완성된 책·이덕주 10

서울·경기 지역

눈 덮인 교회당에서 처음 사랑을 노래하다
정동제일교회 18

사람 취급도 못 받던 백정이 장로가 되다
승동교회 34

예수님의 열두 사도, 용이 되었네
강화읍성당 46

잘 차려진 백 년의 추억
온수리성당 60

강화도 땅끝에서 소처럼 충성하다
서도중앙교회 74

일본의 수치를 드러내다
수촌교회 86

충청 지역

영원한 내일을 꽃피우는 교회
청주제일교회 98

한국인 최초의 주교를 배출하다
청주수동교회 110

충청북도 성공회 1번지
진천교회 120

꼬부랑 꼬부랑 가난한 자들의 노래
음성교회 132

제비가 박씨를 물어다 준 교회
부대동교회 142

금강이 토해 낸 교회
공주제일교회 154

문이 닫혀 있는 교회
강경북옥교회 164

전라 지역

공평한 ㄱ자 예배당
두동교회　176

허리가 구부러졌어도 곱게 나이 든 교회
금산교회　186

전남 선교의 교두보
목포양동교회　198

기구한 예배당의 운명
목포중앙교회　212

경상 지역

경북에서 제일 오래된 교회
대구제일교회　222

이제는 한국인을 위한 교회
부산 주교좌성당　236

한 척의 외로운 배
안동교회　246

깊은 산속에 묻혀 백 년의 소리를 담다
척곡교회　268

순교의 피를 흘린 교회
행곡교회　282

부록

주소록　294

서울·경기 지역

정동제일교회
승동교회
강화읍성당
온수리성당
서도중앙교회
수촌교회

정동、제일、교회

눈 덮인 교회당에서
처음 사랑을 노래하다

"이제 모두 세월 따라 흔적도 없이 변하였지만/ 덕수궁 돌담길엔 아직 남아 있어요/ 다정히 걸어가던 연인들/ 언젠가는 우리 모두 세월을 따라 떠나가지만/ 언덕 밑 정동 길엔 아직 남아 있어요/ 눈 덮인 조그만 교회당"

정동제일교회 맞은편 길목에 노래비가 하나 있다. 이영훈의 '광화문 연가'. 처음 지날 땐 힐긋 보고 지나치기 쉽지만, 이 노래 속 교회당이 정동제일교회라는 사실을 알게 되면 찬찬히 다시 보게 된다.

노랫말처럼 눈이 소담히 쌓인 교회를 상상해 본다. 눈은 교회 지붕이 아니라 하늘 마당에 쌓여 있는 게 아닌가 하는 착각이 든다. 추운 겨울날, 교회 한 구석에 쌓아 둔 눈을 누군가 하늘로 치운 것은 아닐까? 잠시 엉뚱한 상상을 하는 사이, 오뉴월 햇살이 세차게 지붕 위로 떨어지고 있었다. 1977년 사적 제256호로 지정된 이후 문화재 예배당으로 불리는 교회는 빌딩 숲 속에서 한 그루 나무처럼 고요히 뿌리내리고 있다. 그 뒤로 현재 예배를 드리는 백주년 예배당(1979년 건축)이 자리 잡고 있다.

가장 먼저 교회 입구 사각형 종탑이 눈에 띈다. 붉은 벽돌로 쌓아올린 종탑은 얼핏 보면 성의 망루 같다. 종탑 위 네 귀퉁이엔 작고 뾰족한 첨탑을 설치했다. 높은 종탑은 천국을 향한 성도의 믿음과 하나님께 더 가까이 올라가고 싶은 인간의 열망을 상징한다. 종탑 동편 원형 장미창은 중심이신 그리스도 예수를 상징하는 것으로, 빛을 최대한 많이 받아들일 수 있도록 만들어졌다. 빛은 성령 혹은 빛 되신 예수 그리스도를 의미한다. 종탑 정문과 본당 문, 창 모두 윗부분이 아치형을 이룬다. 약간 뾰족한 듯한 아치는 조금이라도 더 하늘에 닿고 싶은 소망을 담은 것이다.

직사각형 건물은 고깔 지붕을 쓰고 있다. 이곳은 원래 시병원施病院 터다. 스크랜턴 William B. Scranton 선교사는 1886년 6월 15일 개원

해 1893년 상동으로 옮길 때까지 7년간 시병원을 운영했다. 병원 이름은 고종 황제가 지어 주었는데, 가난한 조선 백성에게 의술을 베푼 스크랜턴을 치하하는 뜻에서 '베풀 시'施를 썼다고 한다. 한편 스크랜턴의 한자 이름인 '시란돈'施蘭敦에서 따왔다는 설도 있다.

　문화재 예배당에 들어가 보려면 미리 연락을 해야 한다. 사회교육관 5층에 있는 만곤기독교역사자료실로 문의하면 출입 허락과 더불어 예배당 안내도 받을 수 있다. 만곤기독교역사자료실에는 아펜젤러Henry G. Apenzeller의 성찬기를 비롯해 역대 담임 목사의 유품이 전시되어 있다.

　예배당 안, 앞쪽 제단을 향해 기둥들이 양편으로 차렷 자세로 늘어서 있다. 강단 오른편에 1897년 예배당 건축 당시 사용했던 강대상과 강대 의자가 있는데, 이는 일본 나가사키 갓스이活水 여학교 설립자 러셀이 기증한 것으로, 일본에서 제작된 것이다. 반육면체 모양 강대상에 꽃문양과 '傳務傳道 信望愛'(힘써 도를 전하다. 믿음·소망·사랑)라는 문구가 선명하다. 원래 이 예배당은 회중석과 좌우 측랑側廊(교회 내부에서, 측면에 줄지어 선 기둥 밖에 있는 복도)의 세 공간으로 구별되는 삼랑식三廊式 구조의 라틴십자 형태였으나, 두 번의 증축으로 좌우 측랑까지 확장해 직사각형 건물이 되었다.

그러면서 시원하게 탁 트였던 실내 공간에 지붕의 무게를 감당할 기둥을 잔뜩 심게 되었다.

예배당 종탑 안에 '경세종'警世鐘이라는 이름의 오래된 종이 있다. '세상을 깨우치는 종'이라는 뜻이다. 1902년 군산 앞바다에서 순교한 아펜젤러 선교사를 기념하는 것으로, 1907년 미국에서 제작해 들여왔다. 이 종을 구입할 때, 정동제일교회를 설계한 건축가 심의섭이 당시로는 거금인 100원을 종 값으로 내놓았다고 한다.

예배당 뜰로 나가면 '감리교회 조선 선교 50주년' 기념비와 최병헌 목사, 아펜젤러 목사 흉상이 있다. 아펜젤러 성찬기와 경세종이 자리한 이곳에서 그를 추억해 보는 것도 좋겠다.

아펜젤러는 이 땅에서 17년의 세월을 보냈다. 1885년 4월 한국에 들어와 1886년 배재학당을, 1887년 정동제일교회를 세웠다. 우리나라 구석구석을 다니며 복음을 전했는데, 성경 번역 사업에도 주도적으로 참여했다. 조선을 사랑했던 그는 이 나라의 자주독립에도 관심이 많았다. 독립협회 창설 과정에도 참여했으며, 한국의 민주 인사들이 감옥에서 고생할 때 따뜻하게 보살폈다. 그러다 1902년 6월, 목포에서 열리는 성경번역위원회에 참여하러 가던 길에 하늘의 부름을 받았다. 그가 탄 배가 일본 상선과 충돌해 목포

앞바다가 그의 무덤이 되고 만 것이다. 아펜젤러는 유명을 달리했지만, 그의 사역은 두 자녀를 통해 계승되었다. 아들 아펜젤러 1세는 배재학당 교장으로, 딸 앨리사는 이화학당 교장으로 헌신했다.

1887년 10월 9일, 정동제일교회의 첫 예배가 드려졌다. 아펜젤러와 네 명의 한국인이 함께했다는데, 예배를 드린 곳이 어디일까? 지금 교회가 있는 이 자리일까? 아펜젤러가 '벧엘 예배당'이라 이름 지었다는 서울 남쪽에 있는 네댓 평짜리 작은 한옥이 어디인지 지금으로서는 알 수 없다. 다만 "10년 전 벧엘에서 예배를 드리기 시작했는데, 그 집은 스크랜턴 대부인 소유인 달성주택 뒷문에서 돌을 던져 닿을 곳(약 30미터)에 있습니다"라는 아펜젤러의 1897년 12월 26일 일기를 토대로 남대문로3가 한국은행 본점 근처로 추측할 뿐이다. 1888년 정부에서 전도금지령을 내리면서 남자들은 아펜젤러 목사와 존스 목사의 집, 배재학당과 시병원으로, 여자들은 남대문 스크랜턴 대부인 저택과 이화학당, 보구여관 으로 떠돌아다니며 예배를 드렸다. 이렇게 9년을 보내고, 1897년 12월 시병원 터에 예배당을 지어 봉헌했다.

정동제일교회는 1919년 3·1운동 때 민족 대표를 둘이나 배출했다. 당시 담임 목사였던 이필주 목사와 박동완 전도사가 33인

예배당 뜰로 나가면
아펜젤러와 최병헌 목사 흉상이 있다.
아펜젤러 성찬기와 경세종이 자리한 이곳에서
그를 추억해 보는 것도 좋겠다.

명단에 이름을 올렸다.

정동은 태조 이성계와 그의 계비 신덕왕후의 사랑이 시작된 곳이기도 하다. 젊은 시절 장수 이성계는 무리를 이끌고 가다 우물을 만난다. 마침 목이 말랐던 이성계는 물을 긷고 있던 한 여인에게 물을 청했다. 버드나무 잎 띄운 물 한 바가지로 둘은 사랑하게 되었다. 그날 큐피드의 화살이 장맛비처럼 내렸나 보다. 모세와 십보라가 처음 만난 곳도, 야곱과 라헬의 사랑이 시작된 곳도 우물가였다. 훗날 신덕왕후는 "제가 죽거든 큰 연을 만들어 거기에 제 이름을 써 하늘 높이 날리세요. 그리고 연줄을 끊어 연이 바람에 날다 떨어진 곳에 저를 묻어 주세요"라는 유언을 남겼다고 한다. 그런데 연이 떨어진 자리가 두 사람이 처음 만난 우물가였다고 전해진다. 원래 우물골이라 불리던 곳에 왕후의 무덤을 만들고 '정릉'貞陵이라 했다. 이후 능은 다른 곳으로 옮겨 갔지만, 정릉이 있던 곳이라 하여 '정릉골'로 불리다가 '정동'이 되었다고 한다. 신문로에 있는 새문안장로교회 건너편 세안빌딩이 바로 우물이 있던 곳이다.

우리 민족을 향한 하나님의 첫사랑은 정동에서 시작되었다. 감리교와 장로교 선교 본부가 정동에 있었고, 최초의 교회와 근대적 학교, 병원이 정동에서 문을 열었다. 정동제일교회와 새문안교회의 말씀은 우리의 영을, 배재학당과 이화학당, 경신학교의 가르침과 시병원과 보구여관의 의술은 우리의 몸과 마음을 보듬어 주었다.

개화기 서구 열강의 공사관이 들어서면서 근대사의 주 무대가 되었던 정동. 정동길을 따라 백 년 전 거리가 그려진다. 먼저 정동제일교회 건너편에 사적 제124호로 지정된 '중명전'重明殿이 있다. 1884년 9월 입국한 알렌 선교사가 기거하던 곳인데, 1897년 경운궁(지금의 덕수궁)을 확장하면서 궁궐로 편입되어 을사늑약 체결, 헤이그 밀사 파견 등 굴곡진 대한제국 역사의 현장이 되었다. 중명전이란 이름은 '일월明이 함께 있어 광명이 겹친다'는 의미로, 임금과 신하가 각각의 직분을 다함을 이른다. 헤이그 밀사 사건으로 꼬투리를 잡아 고종을 폐위시킨 일제가 이 자리에서 이완용을 통해 정미7조약을 체결시킨 역사가 다시금 떠오른다.

중명전 옆에는 예원학교가 자리하고 있다. 1887년 9월 이곳 운동장에 있던 언더우드 목사의 자택에서 첫 예배를 드리면서 장로교 최초의 조직 교회인 새문안교회가 창립되었다. 지금은 텅 빈 운동장이지만, 여기에서 경신학교, 대한성서공회, 대한기독교서회의 역사도 시작됐다. 언더우드 집 뒤편에 위치했던 헤론 선교사의 집은 미국 대사관에 편입되어 지금은 들어가 볼 수 없다. 헤론의 집에서 1886년 7월 18일 노춘경이 처음으로 개신교 세례를 받았다고 한다.

예원학교에서 정동공원을 따라 올라가면 구 러시아 공사관(사적 제253호) 탑이 보인다. 공사관 본관 건물은 한국전쟁 때 불타고 탑만 남아 있다. 1895년 명성황후가 시해되자 고종황제는 이듬해 2월 이곳으로 세자와 함께 몸을 피했다. 그 유명한 '아관파천'俄館播遷의 현장이다.

다시 정동제일교회로 내려오는 길에 이화여자고등학교가 보인다. 오른편으로 이화학당 정문이 여전히 자리하고 있다. 1923년에 세워졌다는 문은, 조선시대 민가에서 흔히 볼 수 있는 붉은색 사주문四柱門이다. 안으로 들어가면 오른편 지하 주차장 입구에 이곳이 손탁 호텔 터임을 알리는 비가 보인다. 1902년, 당시 러시아 공사 웨벨의 처형 손탁은 자신의 이름을 따 '손탁 호텔'을 지었다. 이 호텔은 서양 각국의 외교 사절과 국내 유력 정치인들의 사교 모임 장소로 활용됐다. 1905년 이토 히로부미는 이곳에 묵으며 일본군 2개 중대를 동원해 중명전에 있는 고종 황제를 압박했다. 그리고 을사늑약을 강제로 체결했다. 구한말 치열했던 외교의 역사와 굴욕적 사건들은 작고 초라한 돌비로 남았다.

이화여고 안에는 일명 '유관순 우물'이 있는데, 유관순 열사를 비롯해 이화학당 학생들이 물을 길어 마시고 빨래했던 우물이다. 본관 앞에는 스크랜턴 부인 흉상이 있다. ㄷ자로 지어졌다는 이화학당 건물이 있던 자리다. 이화학당 최초의 학생들, 김씨 부인, 복순이, 별단이가 그 안에서 공부했을 것이다.

아펜젤러가 세운 배재학당이 궁금하면 서울시립미술관 쪽으로 가야 한다. 교회 옆에 러시아 대사관이 있고, 그 옆이 배재학당 자리다. 배재학당 역사박물관은 배재학당 건물 가운데 유일하게 원래 자리에 남아 있는 건축물로, 1916년에 세워진 동관 건물을 개조한 것이다. 근처에 시인 김소월이 매우 아꼈다는 550년 넘은 향나무가 뿌리내리고 있다. 임진왜란 때 일본 장군 가토 기요마사가 말을 매어 두기 위해 박았다는 못이 나무에 그대로 남아 있다. 또 '독립신문사 터'라고 쓰인 비석도 볼 수 있는데 감리교 삼문출판사에서 〈독립신문〉을 발행했다는 사실은 잘 알려지지 않은 모양이다. 비석에 '배재학당에 소속된 삼문출판사 터'라는 점도 밝혀 줘야 하지 않을까?

아펜젤러가 살았던 곳은 러시아 대사관 내에 있어 가볼 수가 없다. 1887년 7월, 한국 감리교 최초로 박중상이 세례를 받은 역사적인 장소인데, 아쉬움이 크다. 아쉬움에 산책을 좀 더 즐기고 싶다면, 새문안교회와 성공회 대성당 방문을 권한다. 성공회 대성당은 1926년 건축된 역사적 예배당이다. 로마네스크 양식의 건축물이면서도 처마 장식, 기와지붕 등 우리 건축양식이 포함되어 있어, 도심 한복판에 자리하면서도 백 년 전을 돌아보게 하는 정동처럼 특별하다.

정동에서 언더우드가 창립한 새문안교회는 1895년 신문리2가에 한옥 예배당을 건축했고, 1910년에 현재 교회가 서 있는 신문리1가에 붉은 벽돌 예배당을 지어 올렸다. 이 예배당은 1971년 붕괴 위험이 있어 철거됐고, 1972년 새로 조축한 예배당이 자리를 지키고 있다. 교회 내부는 초기 기독교인들의 지하 예배 장소인 카타콤을, 강단은 노아의 방주를 본떠 만들었다고 한다. 박정희 전 대통령이 건축 비용으로 금일봉을 보낸 것으로도 유명하다. 한국 개신교사와 근현대사를 함께해 오며 수집한 문헌과 사진, 교회 관련 사료 등 천여 점 이상의 자료를 교회사료관에 전시하고 있다.

성공회 대성당은 1890년 12월 코프$^{C.J.Corfe}$ 주교가 첫 미사를 드리면서 시작되었다. 현재 건물은 3대 주교 트롤로프$^{\text{M.N.Trollope}}$ 때 지은 것으로, 1926년 축성식을 가졌으나 완성된 것은 1996년 5월에 이르러서다. 건축비가 부족해 본래 설계대로 완공되지 못하자 트롤로프 주교는 '성모 마리아와 성니콜라스 성당'이 정식 명칭인 이 성당을 '예비대성당'$^{\text{pro-cathedral}}$이라 불렀다고 한다. 영국 렉싱턴 도서관에 설계도 원본이 온전히 보관된 덕분에 70년 만에 원래의 모습을 찾은 건물의 평면은 십자가 형태다. 성당 옆으로 성가수녀원, 옛 주교관 건물, '영빈당'이라 불리는 교구 사무실이 있는데, 모두 조선 후기 한옥 건물이다.

정동제일교회를 중심으로 근대 기독교 유적지가 모여 있어 찾기도 쉽고 걷기도 좋은 정동길이다. 고종이 즐겼다는 쓴 양탕국(커피)을 홀짝이며 흘러간 역사를 노래하다 잠시 숨을 멈춘다.

승동교회

사람 취급도 못 받던 백정이 장로가 되다

1893년 어느 날, 관잣골(지금의 종로구 관철동)에 살던 백정 박씨가 매서인에게 책을 한 권 샀다. 읽어 보니 참으로 좋았다. '아, 그래! 예수를 믿으면 구원을 받고 이 세상에서도 잘살 수 있겠구나!' 박씨는 그날로 아들 봉주리를 곤당골(지금의 을지로1가)에 있는 예수교학당에 보냈다. 그러고는 얼마 되지 않아 전염병에 걸려 거의 죽게 되었다. 이 소식을 듣고 곤당골교회 목사 무어가 찾아왔다. 그것도 제중원 의사 에비슨과 함께. 에비슨은 나라님을 보살피는 귀한 의사라는데, 이리 미천한 놈을 위해 친히 오시다니……. 백정은 일어나지도 못하고 이불에 누워 감동의 눈물을 흘렸다. 그리고 몸이 낫자마자 곤당골교회로 달려갔다.

백정은 조선의 가장 밑바닥 계층이었다. 거지보다 못한 존재였던 그들에게는 두 가지 길밖에 없었다. 나 죽었다 하고 살든지, 임꺽정처럼 칼을 들고 도적이 되어 세상과 싸우든지. 신분에 순응하며 살아가는 대다수 백정은 길을 걷다 상민을 만나면 죄라도 지은 사람처럼 허리를 굽히고 달음질하듯 빠르게 지나가야 했다.

백정은 성경에서의 나병 환자처럼(레13:45) 부정하다 여겨졌고, 그 신분까지 자손 대대로 세습되는 지독한 천형天刑이었다. 양반도 아닌 상민에게 반말을 했다고 화가 난 상민이 쫓아와 반말한 백정의 입을 찢어 버렸다는 일화가 전할 정도다. 백정은 죽어서도 상여에 오르지 못했고, 혼인하는 날도 남자는 말 대신 소를 타고 여자는 가마 대신 널빤지를 타야 했다. 가마를 탔다고 그날로 양반에게 맞아 죽은 백정 여인도 있었다.

교회에 나가면서 이름을 얻어 박성춘이 된 백정 박씨는 신분도 백정에서 하나님의 자녀로 상승했다. 백정이 상민, 양반과 한자리에 모여 예배드리는 모습은 개국 이래 처음 보는 광경이었다.

"전국에 있는 백정을 다 전도하겠습니다."

구원받고 박성춘은 신이 났다. 그는 서울뿐 아니라 수원까지 내려가 백정들을 전도했다. 한 손에는 백정을 해방한다는 포고문을, 다른 한 손에는 성경책을 들고 자신이 받은 은혜를 전하는 박성춘의 간증에는 힘이 있었다. 무어 목사도 수원에 가서 박성춘이 전도해 몰려온 백정 쉰여 명과 예배를 드렸다. 그날 무어 목사가 무척 감동했다고 한다.

그렇다고 엄격한 신분제가 교회에서 쉽게 사라진 것은 아니었다. 박성춘은 처음에 자신이 백정이라는 사실을 숨기고 예배를 드리다 몇 주 후 "나는 백정입니다" 하고 무어 목사에게 고백했다. 교회에서 난리가 났다. 교인들이 예배드리러 오지 않았다. 무어 목사가 대체 왜 그러느냐고 교인들에게 물었더니 "거지는 신분이 높아져 사람이 될 수도 있지만, 백정은 그럴 수 없습니다"라는 시큰둥한 답이 돌아왔다. 거지만도 못한 인생, 백정은 사람이 아니었다. 교인이 반으로 줄었다.

한번은 교회에서 박성춘과 한 교인이 목소리를 높이며 언쟁을 벌였다. 보다 못한 무어 목사가 조용히 하라고 야단치고, "예수 사랑하심은 거룩하신 말일세. 우리들은 약하나 예수 권세 많도다"라고 찬송을 불렀다. 다투던 두 사람은 슬그머니 사라져 버렸다.

얼마 후 교회는 무어 목사와 박성춘이 있는 곤당골교회와 반발해 나간 교인들이 시작한 홍문섯골교회로 분열되었다가, 1899년 다시 하나가 되었다. 박성춘이 정부를 향해 "백정도 갓 쓰고 도포 입게 해달라"며 백정 차별 철폐를 주장한 것이 받아들여지면서, 그는 민중 지도자로 부각되었다. 그러자 떠났던 양반 교인들이 찾아와 교회 합동을 요청한 것이다. 그리고 1904년 종로 한복판 절골(지금의 인사동)로 이전했고, 1905년 한옥을 구입해 예배당으로 개조하여 예배를 드렸다.

절골 혹은 승동(僧洞)으로 불린 것은 조선 세조 때 세워진 원각사(圓覺寺)와 관련이 있다. 근처 가옥 2백여 호를 철거해 엄청난 규모로 지었으니 일대의 명소였을 것이다. 조선의 억불 정책이 심화되면서 중종 때 헐려 없어지고 비와 10층석탑만 남았으나 지명에는 그 흔적이 전해졌다. 후에 그 자리에 공원이 조성되었는데, 지금의 탑골공원이다. 공원 바로 옆 인사동은 한성부 때 지명인 관인방(寬仁坊)의 '인(仁)'과 대사동(大寺洞)의 '사(寺)'를 조합해 명명된 것으로, 여기서도 원각사의 흔적을 찾아볼 수 있다.

절골로 옮겨 온 후, 교회는 승동에 있는 교회라는 뜻으로 승동교회라 불렸다. 그러다 1907년, 부흥회를 인도하던 길선주 목사가 "승동교회는 절골 안에 있으니 이를 이긴다는 '승동(勝洞)'이 되어야 하고, 승리하는 교회가 되어야 한다"고 한 뒤로 '승동(勝洞)교회'가 되었다.

교회에 은혜가 넘쳤고 이름까지 바뀌었지만, 교회 내 신분의 휘장은 찢어지지 않았다. 1908년 가을부터 양반 교인 일부가 재동에서 따로 예배를 드리다 1909년 안동교회를 세웠다. 안동교회 설립에 대한 관점은 약간씩 다르다. 《승동교회 백년사》에는 "승동교회의 양반 교인들이 몰려갔으므로 승동교회는 뜻밖에 최초의 개척 교회를 세운 셈이 되었다. 좋은 일이기는 하지만 하와이와 멕시코로 떠나는 이민 교우와 더불어 양반 교우들이 기어이 나간 셈이 되었다. 비로소 교회는 자리 정돈이 되었다"고 기술되어 있는 반면, 《안동교회 90년사》에는 "복음을 상류 계층인 양반에게 전하기 위해서는 그들이 많이 살고 있는 북촌에 교회를 설립하려고 서두르지 않을 수 없었다. 연동교회는 양반 교인과 상민 교인이 뒤섞여 있었다. (…) 승동교회 형편도 비슷했다. 소실로 있는 여인네들과 백정들이 많다고 해서 '첩장교회'라는 별명이 붙여진 교회였다. 양반 의식이 투철한 양반들은 상민들과 어울리기를 꺼려 예수를 믿고 싶어도 주저할 수밖에 없었고, 이 때문에 북촌에 교회를 설립하려고 서둘렀을 것이다. 그러나 안동교회 설립을 주도한 박승봉이나 유성준이 특별히 양반 의식이 강하여 상민이 많은 연동교회에서 예배드리기를 거북하게 느껴서 양반 교회를 의도적으로 따로 설립하였다고 볼 수는 없다"고 서술되어 있다.

　어려운 상황에도 열정적으로 전도하고 바른 신앙으로 교인들에게 신뢰와 인정을 쌓은 박성춘은 1911년 12월 승동교회 장로가 됐다. 그리고 1913년 2월 승동교회는 100평 규모의 벽돌 예배당을 짓고 봉헌예배를 드렸다. 이 예배당은 2001년 서울시 유형문화재 제130호로 지정됐다. 멀리서 보면 3층 건물로 보이지만, 실은 2층 건물이다. 하늘 높이 올라가는 듯한 고딕 양식으로 벽이 길게 섰다. 평면은 정사각형 구조다. 책을 엎어 놓은 듯 두 사면이 마주한 지붕은 불쑥 솟아올라 있다. 지붕 양쪽에 같은 모양의 작은 지붕을 두어 위에서 내려다보면 십자가 형상이다. 양쪽 벽면으로 기다랗게 낸 아치형 창문이 웅장함을 더한다.

　예배당 안으로 들어서면 실내에 칸막이나 기둥이 전혀 없는 통간通間 건물임을 알 수 있는데, 여느 교회에 비해 강단이 낮은 것이 인상적이다. 강대상 뒤로 십자가 장식 대신 아치형 문을 세 개 만들어 놓은 모습이 특별하다.

　현재 예배당 건물은 초기 모습과 약간 차이가 있다. 1957년에 증축하면서 건물 입구에 종탑 건물과 4층 높이의 건물 한 동을 붙여 세웠다. 그리고 건물 양편으로 붕괴를 막기 위한 버팀대를 세

흐르는 세월을 버팀대로 막을 수야 없겠지만,
헐고 다시 지으면 쉬울 텐데
최선을 다하려는 의지가 느껴진다.

워 놓았다. 흐르는 세월을 버팀대로 막을 수야 없겠지만, 헐고 다시 지으면 쉬울 텐데 최선을 다하려는 의지가 느껴졌다. 그러면서도 "한 손에 막대 잡고 또 한 손에 가래 쥐고/ 늙은 길 가래로 막고 오는 백발 막대로 치려 했더니/ 백발이 저 먼저 알고 지름길로 오더라" 하는 시조 또한 스치는 것은 왜일까?

교회 입구에 3·1운동 기념비가 있다. 당시 담임하던 차상진 목사와 청년회장 김원벽의 활약이 대단했다. 김원벽은 연희전문학교(지금의 연세대학교) 학생 대표로 3월 5일 남대문역 시위를 주도하다 체포되어 1년 동안 옥살이를 했고, 차상진 목사는 목사와 장로 열두 명의 이름으로 '12인 등의 장서'十二人等 狀書를 작성했는데, 그 글을 썼다. 차상진 목사는 체포되어 징역 8개월 형을 선고받았다.

2010년 방영된 드라마 〈제중원〉을 기억하는가? 백정의 아들로 태어나 온갖 고생 끝에 의학을 공부해 조선 최초의 외과의사가 된 주인공. 그 모델이 바로 박성춘의 아들 박서양이다. 곤당골 예수교학당에서 공부한 박서양은 1898년 경성학당을 졸업하고 1899년 제중원의학교(세브란스의학교)에 입학해 1908년 제1회 졸업생이 되었다. 졸업 후 한국인 최초의 외과의사로서 고종 황제의 병을 치료하기도 했다. 1914년 만주로 이주해 학교와 병원을 세웠다고 전한다. 백정이 하나님 자녀 되고 그 자손이 민족의 빛과 소금이 되는 한 편의 영화를 승동교회에서 보았다.

강화읍성당

예수님의 열두 사도,
용이 되었네

강화도에는 교회가 참 많다. 강화도 이장이 모두 184명인데, 그보다 목사가 훨씬 많다. 위치를 물어 보면, "○○교회 지나 쭉 올라오세요", "○○교회로 오시면 마중 나갈게요"라고 설명해 주곤 한다. 교회가 이정표가 되는 고장이다. 강화도 기독교인 비율은 33퍼센트에 달한다. 사정이 이렇다 보니 기독교와 관련된 유적도 제법 있다. 그중에서도 사적 제424호로 지정된 강화읍성당이 독보적이다. 1893년 설립된 교산감리교회와 함께 강화도에서 가장 역사가 깊고, 1900년 11월 축성한 성당 건물은 강화도에서 제일 오래된 기독교 유적지다. 강화읍성당은 성공회 성당이다. 전국 106개 성공회 성당 가운데, 열두 곳이 강화도에 있다.

강화도에는 절도 많다. 전등사, 보문사, 정수사 등 쟁쟁한 사찰이 포진하고 있다. 삼국시대 한 고승이 고려산 정상에서 연꽃을 뿌리자 꽃이 떨어진 자리마다 절이 생겼다는 전설이 전한다. 붉은 꽃잎이 떨어져 적석사, 흰 꽃잎이 떨어져 백련사가 되는 등 다섯 색깔에 따라 절이 생겼다는 섬에 복음이 뿌려져 지금은 그 자리마다 교회가 섰다. 밤이면 붉은빛 '십자가 꽃'이 만발한다.

성공회가 한국에 들어온 것은 1890년 9월이다. 영국 성공회는 코프를 한국 초대 주교로 임명하고 트롤로프와 워너사제, 와일즈, 의사 랜디스로 구성된 한국 선교단을 파송했다. 초창기 개신교 선교사들의 주요 거점은 제물포와 서울이었고, 강화도는 제물포에서 배를 타고 서울로 가는 길목에 해당한다. 그렇다 보니 감리교와 성공회가 비슷한 시기에 강화도로 들어왔다. 특히 성공회는 강화도를 전략적인 선교 기지로 결정하고 강화가 한국의 '이오나'가 되기를 기대하며 본격적인 전도 활동을 시작했다. 이오나는 스코틀랜드에 있는 작은 섬인데, 사도 콜룸바 St.Columba가 563년 수도원을 세우고 선교 활동을 시작한 곳이다. 이곳을 시작으로 스코틀랜드와 잉글랜드 전역에 복음이 확산되었다고 한다.

1893년 봄 코프 주교가 강화에 들렀고, 그해 7월 워너[L.O. Warner] 신부(한국명 왕란도)를 파송했다. 워너 신부는 강화 외성 밖에 집을 한 채 구입해 선교 기지를 마련하고는 갑곶 나루터를 왕래하는 여행객들에게 복음을 전하고, 떠돌아다니는 고아들을 데려와 보살피며 글과 교리를 가르쳤다. 3년 뒤, 그의 후임으로 부임한 트롤로프 신부는 강화성 동문 안쪽에 있던 콜월과 커티스의 집을 구입해 '성바우로 회당'이라 이름 짓고 예배를 드렸다. 조금씩 교인이 늘면서 250명이 예배드릴 수 있는 40칸 규모의 한옥 성당을 짓기 위해 성바우로 회당 근처에 대지를 구입했다.

트롤로프 신부는 조선의 전통 한옥과 서양의 바실리카 양식을 절충한 형태의 성전을 구상했다. 외래 종교에 대한 조선인의 거부감을 줄이고 현지 문화를 수용하려는 선교적인 목적에서였다. 성당은 송악산과 견자산 자락이 만나 불끈 솟은 언덕 위에 세워졌다. 강화읍성당은 철종이 왕위에 오르기 전에 거처했던 용흥궁 바로 윗집이다. 얼핏 보면 성당이 아니라 절 같다. 지나가던 스님이 "참 요상하게 생긴 절이네" 하며 합장했다는 일화도 있다. 사실 조선시대 돈대(墩臺)에 더 가깝다. 돈대는 40-50명 규모의 군이 주둔했던 작은 성곽으로, 지금의 해안 초소인 셈이다. 효종과 숙종 대에 강화도 해안을 따라 5진 7보 54돈대를 설치했다. 유사시 임금이 피난 올 것을 대비한 군사 방어 시설이다. 성당 정문부터 30-40미터 가량 이어지는 축대와 담장을 보고 있으면 성 안에 성당이 있는 듯하다. 축대와 담장을 언제 세웠는지는 정확히 알 수 없지만, 성당이 건축되고 한참 후에 만들어졌다고 한다.

축대가 시작되는 지점에 세 칸짜리 외삼문이 있다. 가운데 대문이 좌우보다 높은 솟을대문 형태다. 가파른 계단 양쪽으로 2010년 일본 성공회에서 철제 난간을 설치했다. 원래 있던 것을 일제 강점기에 공출해 간 데 대한 사과의 의미로 복원시켜 준 것이다. 계단 위로 태극문양과 십자가를 조합한 문양이 그려진 대문이 있고 '聖公會江華聖堂'(성공회강화성당) 현판이 붙어 있다.

두 걸음 앞에 단층 팔작지붕 모양의 천왕문이 있는데, 안쪽에 사천왕 대신 범종이 걸려 있다. 1989년 교인들이 마련한 것이다. 원래 있던 종은 1945년 봄 일제가 공출로 빼앗아 갔다. 항아리를 닮은 종 표면에는 태극 바탕에 십자가와 요한복음 1장 1-9절이 새겨져 있다. 종을 매단 고리는 성령의 불꽃을 상징한다고 한다. 주일 예배 전에 삼위일체를 세 번 반복하는 의미로 종을 아홉 번 치고, 장례 예배 때는 고인의 나이만큼 종을 울린다. 종은 자신의 몸을 치며 헌신의 삶을 몸소 실천하고 있다.

범종을 지나면 '天主聖殿'(천주성전) 현판이 걸린 성전이 보인다. 성전 좌우로 백 년이 넘은 보리수와 회화나무가 보아스와 야긴처럼 꼿꼿하게 서 있고, 문 사이에는 절에서나 볼 수 있는 주렴 다섯 편이 주렁주렁 매달려 있다.

無始無終先作形聲眞主宰
처음과 나중이 없으시나 소리와 모습을 먼저 지으셨으니 참 주재시다
宣人宣義律照拯濟大權衡
어질고 옳음을 널리 펴시어 무리를 비치고 구하시니 큰 저울이시다
三位一體天主萬有之眞原
삼위일체 하나님이시니 세상 만물의 참된 근원이시라
神化周流乳庶物同胞之樂
하나님의 감화가 흘러나와 만물을 기르시니 우리 동포의 기쁨이라
福音宣播啓衆民永生之方
복음을 널리 펴서 백성을 깨우치니 영생하는 길이로다

성전 건물 배치는 사찰과 유사하다. 일주문에 해당하는 외삼

종은 자신의 몸을 치며
헌신의 삶을
몸소 실천하고 있다.

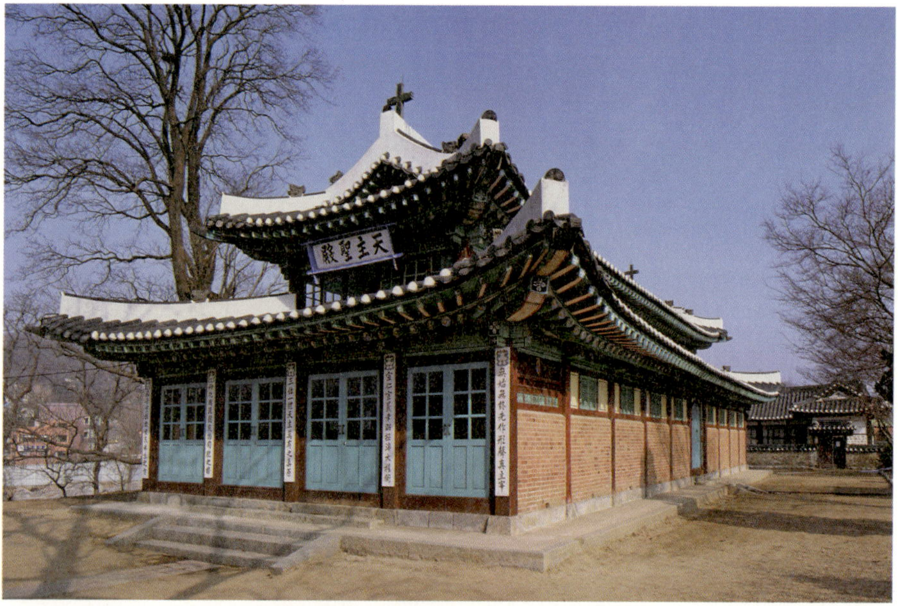
天主聖殿

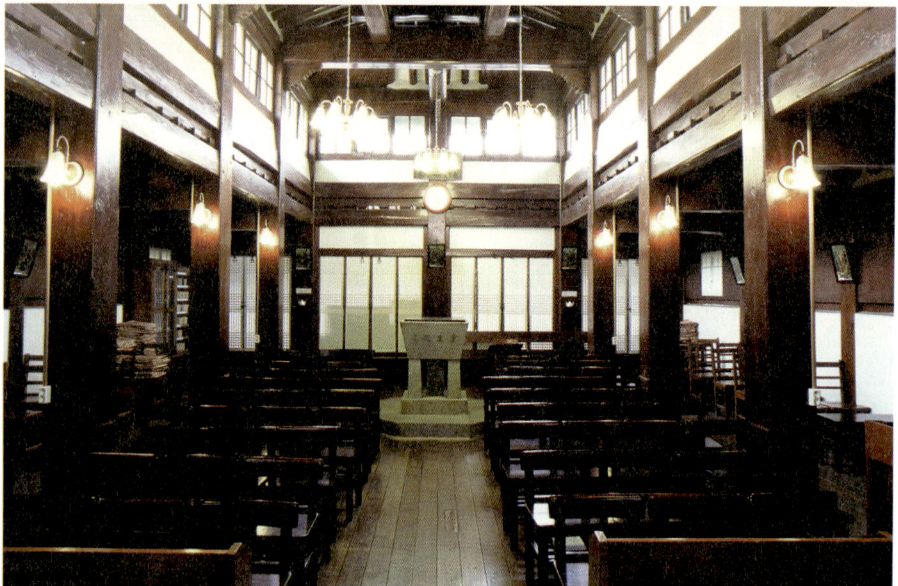

문과 천왕문, 그리고 법당에 해당하는 성전, 승방에 해당하는 사제관으로 들어가는 삼문으로 이루어지니 축대와 담장이 없었다면 영락없는 절의 모습이다. 위에서 내려다보면 성전 터와 건물 배치가 고깃배 모양을 이룬다. 배 앞부분에 외삼문과 천왕문이 있고, 가운데에 성전, 뒤편에 사제관이 있다. 이렇게 배치한 데는 섬의 특성을 살리면서 예수님이 제자들을 부르셨던 갈릴리 호수를 연상시키는 의도가 숨어 있다.

성전은 한 열에 아홉 개씩 열여덟 개의 기둥과, 남북 중간에 각 한 개씩 도합 스무 개의 기둥이 받치고 있다. 이 기둥과 대들보는 트롤로프가 신의주까지 가서 구해 온 백두산 적송으로 만들었다. 성전 내부는 기둥을 기준으로 회중석과 지성소(설교대와 촛대), 좌우 회랑으로 구분된다. 영광의 문(성전 정문)을 열고 들어가면 '重生之泉'(중생지천), 곧 '거듭나는 샘물'이라 조각된 성수대가 있다. 죄를 씻고 세례를 받는 장소다.

앞쪽으로 지성소와 성막(소제대)이 있는데, 지성소 안에는 제단이 있고 위로 '萬有眞原'(만유진원) 현판이 걸려 있다. 지성소 오른편 깃발은 키리 십자가(₽)를 변형한 것으로 강화성당의 수호성인인 베드로(열쇠)와 바울(칼)을 상징한다. 회중석과 측랑을 구분하는 기둥 위로 밭 전田 자형 유리창이 있다. 성령을 상징하는 빛이 창을 통해 성전 안으로 쏟아져 들어온다.

장방형 바실리카 양식의 성당은 서향 건물이다. 제단은 동쪽에 있다. 근처 용흥궁과 조선 유수부 관청이 남향인 것과 대조적이다. 바실리카는 '귀족의 집'이란 뜻으로 로마시대 법정, 집회장으로 사용되던 공공건물을 말한다. 기독교 공인 후 예배 장소로 사용됐다. 재정적 이유로 기존 건물을 활용한 것이다. 바실리카 건물은 장방형으로 실내에 기둥을 세워 회중석과 좌우 측랑을 구분하는데, 지붕이 이중으로 되어 있는 회중석이 좌우 측랑보다 높다. 그리고 지붕과 지붕 사이 벽면에 창을 내 빛이 들어오도록 한다.

강화읍성당도 지붕이 이중으로 되어 있는데, 팔작지붕이다. 용마루에 올라앉은 열두 개의 용머리는 열두 사도를 상징한다. 신라를 약탈하는 왜구를 막고자 바다에 묻힌 문무왕처럼, 죄와 죽음의 권세로부터 강화를 지켜 주는 수호용인 것이다. 용마루 양 끝머리에 얹은 치미에는 십자가 구조물을 붙여 놓았다. 지붕 아래 귀퉁이 물고기 머리 모양의 처마는 배 형상의 성당 터와 초대교회 고백 기독교인을 떠올린다. 성당 곳곳에 연꽃과 십자가, 태극문양이 어우러져 있다. 복음도 그렇게 전통문화와 융화되어 갔을 것이다.

성당 건축 자재는 백두산 목재와 바깥벽 벽돌을 제외하고 대부분 강화도의 흙과 돌을 사용했다. 경복궁을 짓는 데 참여했던 도목수가 진두지휘했고, 돌을 나르고 흙을 바른 사람 모두 강화도 출신이었다. 다만 네 개의 아치형 문은 바다 건너 멀리 영국에서 온 것이라 한다.

멀리 길 건너에 강화중앙교회와 합일초등학교가 보인다. 교회는 1900년, 학교는 1901년 설립되었다. 강화중앙교회에서 설립한 사립학교인 합일초등학교 이름에는 '예수 안에서 합하여 하나가 되었다'는 의미가 담겨 있다.

강화읍성당에서 바라다보이는 강화도 풍경이 바다와 같다. 주변 산들이 파도처럼 밀려오는 듯하다. 돌처럼 굳은 마음을 활짝 펴고 숨 한 번 들이쉬니 코로 생기^{生氣}가 들어와 생령^{生靈}이 된다.

성당 곳곳에 연꽃과 십자가, 태극문양이 어우러져 있다.
복음도 그렇게 전통문화와 융화되어 갔을 것이다.

온 수 리, 성 당

잘 차려진 백 년의 추억

온수리성당 가는 길은 강화읍에서 마니산과 전등사 표지를 찾는 데서 시작한다. 마니산과 전등사로 갈라지는 지점에서 전등사 쪽으로 방향을 잡는다. 길상산과 정족산이 천막 기둥처럼 하늘로 솟았고, 구름이 그늘을 만드는 천막이 된다. 탁 트인 평야가 초지에서 멈춘다. 초지가 끝나는 곳에서 바다가 시작된다.

몇 년 전까지만 해도 집과 상가들 사이에 숨어 있는 온수리성당을 찾아내기 쉽지 않았다. 여전히 안내 표지판은 작고 옹색하지만 서울 주교좌성당(성공회 대성당)처럼 로마네스크 양식으로 지은 새 성전이 먼 곳에서도 확연히 구별된다.

온수리에 성공회가 들어온 것은 1898년경이다. 강화읍성당에서 봉사하던 의사 로스$^{A.F.Laws}$는 읍과 온수리 난저골을 오가며 의료 선교를 하다 1900년경 온수리에 진료소를 마련했다. 한 해에 3천 명 이상 진료했다. 처음엔 치료에 대한 보답으로 예배드리러 오던 이들이 점차 신실한 교인이 되었다. 온수리에는 조선 말 박해를 피해 강화도로 숨어 든 천주교인들이 옹기를 구우며 살던 교우촌도 있었는데, 천주교도도 예배에 참여하기 시작했다. 여기에 강화 지역 3대 책임자인 힐라리$^{Frederiek R. d Hillary}$(한국명 길강준) 신부와 한국 최초의 성공회 세례교인 김희준까지 가세하면서 온수리는 강화 선교의 중심으로 부상했다.

이때 교인이 된 김영선은 신학을 공부해 온수리성당에서 목회했다. 원래 성공회 목회자는 3-4년마다 임지를 옮기는 것이 관례지만, 김영선 신부는 사례비를 절반만 받아도 좋으니 고향 교회에 계속 있기를 원했다. 주교가 그 뜻을 받아들여 그는 온수리성당에서 은퇴했다.

1906년경 난저골에 15칸 작은 성당을 지었으나 계속 늘어나는 교인을 수용하기 위해 현재 성당 위치에 3천 평 대지를 마련해 27칸짜리 성당을 건축하고 1911년 11월 30일 축성했다. 당시 주교로 있던 트롤로프가 집례했다.

강화읍성당이 외부의 도움으로 조성된 반면, 온수리성당의 건축비 절반은 교인들의 힘으로 충당했다. 성당의 뼈대가 되는 목재는 교회 뒷산의 소나무를 베어 온 것이고, 성당 지붕을 덮고 있는 기와는 흙을 빚어 구운 것이다.

성당으로 들어가는 입구에 망루처럼 생긴 종탑이 있다. 가운데 지붕이 양 옆 지붕보다 높은 솟을대문인데, 지붕은 지붕면이 사방으로 경사진 우진각 형태다. 종탑을 지나 마주한 장방형의 성당 사방 벽에는 돌들이 박혀 있다. 올려다보면 용마루 양쪽에 십자가가 우뚝 서 있다. 일자형 한옥으로 단층 팔작지붕을 올렸다. 지붕 측면 합각(삼각면)에 무늬를 넣고 꽃을 새겨 넣었다. 지붕 밑으로 겹처마가 내려와 있다.

'성안드레성당' 현판이 붙어 있는 정문을 열고 들어가면 새로 단장한 마룻바닥이 깔려 있다. 제일 먼저 눈에 띄는 것은 세례대다. 강화읍성당의 세례대는 화강암으로 만든 붙박이인데, 이곳의 세례대는 나무로 만들어서 수월하게 옮길 수 있다. 앞으로 가면 '永遠道理'(영원 도리)라고 새겨진 이동식 사회단이 있고 그 뒤에 3단으로 꾸며진 지성소와 제단이 있다. 열두 사도를 상징하는 열두 기둥은 지성소와 회중석을 구분하는 경계를 만든다. 천장 하얀 벽면

에 시원스럽게 드러나 있는 서까래와 대들보의 형태가 자연스럽다. 반듯한 원형과 날카롭게 각진 사각형이 아니라 구부러지고 약간 휘어진 원래의 나무 그대로다. 우리도 주의 몸 된 제단에 붙어사는 못생긴 나무토막 아닐까? 내 모습 이대로 주 받으옵소서!

    2011년 100년을 맞이한 성당은 온수리성당의 역사와 유물을 전시해 기념관으로 사용하고 있다. 항상 문이 열려 있기 때문에 눈치 볼 필요 없이 편하게 들어가서 잘 차린 '백 년의 추억'을 맛볼 수 있다. 성당 옆에 '백 년 묵은 사제관'이 있고 2000년 제작된 '김여수 순국 기념비'가 있다. 성공회 교인 김여수(1923-1944)는 일제 말 인천상고를 다닐 때 '잔디회'를 조직해서 한글 보급과 학병 반대 운동을 벌였다. 일본 경찰에 체포돼 고문받고 대전형무소에 수감된 그는 조국의 해방을 보지 못하고 1944년 2월 25일 하늘의 부름을 받았다.

    성당 왼편에 새로 지은 성당이 있다. 옛 성당이 평생 고향을 지킨 시골 할아버지라면 새 성당은 도시에서 내려와 집짓고 사는 부잣집 주인 같다. 새 성당을 지으면서 하마터면 옛 성당을 허물 뻔했다고 한다. 역사가 오랜 교회들의 한결같은 고민은 낡은 성전을 수리하고 보수하는 일이다. 온수리성당도 같은 문제로 걱정했다.

"성당을 헐고 새 성당을 짓자", "성당이 문화재로 지정되면 여러 가지 복잡한 문제가 있으니 그 전에 빨리 헐어 버리자"는 의견이 분분했다. 성당 건물이 문화재로 지정되면 못 하나 박는 것까지 당국의 허가를 받아야 한다. 하지만 온수리성당이 문화재로 지정되도록 노력한 한 신부님 덕분에 옛 성당은 1997년 7월 인천광역시 지방문화재 제15호로 이름을 올렸다.

새로 지은 예배당 안에 들어가면 힘껏 껴안아도 손끝이 닿지 않을 만큼 굵은 돌기둥이 열두 개 있다. 열두 사도를 상징하는 것이다. 제단 뒷벽에는 돌로 모자이크한 성화가 있는데, 강화도 지도를 예수님이 밟고 서 있는 그림이다. 사용된 돌은 멕시코에서 수입한 것이라 한다. 제단 위를 올려다보면 고측창(두 지붕면 사이를 이어 주는 벽면에 낸 창)이 있는데 사면을 스테인드글라스로 장식했다. 여기에 한 가지 비밀이 있다. 스테인드글라스에 새겨진 것은 성화가 아니라 세상을 떠난 성도들의 이름이다. '주일 아침, 제단에서 주의 사제가 하나님의 말씀을 증거할 때 앞에 있는 교우들과 창에 이름으로 남은 성도들이 다 함께 모여 하나님께 예배드리고 영광을 돌린다는 의미'라는 담임 신부님의 설명이다.

온수리성당의 건축비 절반은 교인들의 힘으로 충당했다.
뼈대가 되는 목재는 교회 뒷산의 소나무를 베어 온 것이고,
지붕을 덮고 있는 기와는 흙을 빚어 구운 것이다.

교회 맞은편에 온수감리교회가 있다. 1935년 감리교 선교 50주년 기념으로 설립되었다. 강화도에는 백 년 넘는 감리교회가 스물여덟 개나 있다. 바둑판에 돌을 놓듯 감리교는 강화도 구석구석에 교회를 세웠으나 온수리는 예외였다. 이야기는 1907년으로 거슬러 올라간다. 온수리에서 감리교와 성공회 간 마찰이 있었다. 길상면 피뫼(강화초대교회)와 다로지(선두교회)까지 내려온 감리교회와 이미 온수리에 터를 잡은 성공회의 갈등이 원인이었다. 이는 성공회 터너 주교와 감리교 스크랜턴 박사의 만남으로 해결됐다. 감리교 측에서 성공회가 먼저 온수리에 들어온 것을 인정한 것이다. 현재 강화도에는 성공회 성당이 열두 개 있고 천여 명의 교인이 있다.

서쪽으로 희미하게 마리산이 보인다. '마리', '머리', '마루', '머루' 등은 높다는 뜻인데, 실제 마리산은 그리 높은 편은 아니다. 하지만 강화도 교인들에게는 높은 산이다. 1915년 5월 강화 내리교회에서 부흥회가 있었다. 내리교회 속장(선교 초기 담임 목회자가 없는 교회에서 설교와 교회 치리를 담당했던 평신도 지도자) 정윤화가 인도했는데, 그날 뜨거운 성령의 역사가 있었다. 성회 마지막 날 정윤화는 "참성단으로 가자"고 외쳤다. 산을 오르면서 신자들도 큰 소리로 "회개하세, 우리 인생 회개하세. 천국이 가까우니라" 하고 소리쳤다. 이후 매년 5월이 되면 강화도 교인들은 연합하여 부흥회를 열었다. 그리고 마지막 날은 돌을 하나씩 들고 마리산에 올라가 산 정상에 돌로 제단을 쌓고 나라와 민족을 위해 기도했다. 마리산은 강화도의 갈멜산이다.

천장 하얀 벽면에 시원스럽게 드러나 있는
서까래와 대들보의 형태가 자연스럽다.
구부러지고 약간 휘어진 원래의 나무 그대로다.
우리도 주의 몸 된 제단에 붙어사는
못생긴 나무토막 아닐까?
내 모습 이대로 받으옵소서!

서도, 중앙, 교회

강화도 땅끝에서
소처럼 충성하다

1917년 5월 〈기독신보〉에 이런 기사가 실렸다.

경기도 강화군 서도면 주문리 교회 권사 박두병 씨는 본시 재산이 좀 있는데 겸하여 주를 진실히 믿는 고로 범백이 그 동리에 모범이 되어 모든 사람의 칭예를 듣는 터이라. 자기 일가 한 사람이 자기에게 수천 원의 빚을 지고 구차하여 갚지 못하고 세상을 떠나매 그 아들을 불러서 그 빚 갚을 것을 어찌하려냐 한즉 그 아들의 말이 일시에 갚을 수는 없으니 돈 버는 대로 다만 얼마씩이라도 갚겠다 하거늘 박씨가 즉시 허락하고 갚을 수 있는 대로 갚기를 힘쓰라 하고 도모지 재촉을 하지 아니하였더라.

여기서 끝이 아니다. 그 아들은 교회 목사와 박두병, 박순병 형제를 비롯한 박씨 문중 교인들을 집으로 초청했다. 그리고 기도회를 마치고 이렇게 말했다.

"그동안 힘써 노력했지만 8년 동안 16원밖에 모으지 못했습니다. 이런 식이라면 제가 죽기 전에 빚을 다 갚을 수 없고, 빚 때문에 늘 제 맘이 편치 않으니 어떻게 하면 좋겠습니까? 집안 어르신들의 처분에 따르겠습니다."

잠시 침묵이 흘렀다. 침묵을 깬 것은 담임인 종순일 목사였다. 종순일 목사는 마태복음 18장 20절 이하를 읽고, 1만 달란트 빚을 탕감받은 사람이 1백 데나리온 빚을 탕감해 주지 못해 벌 받은 이야기를 들려주었다. 박순병 권사가 말했다.

"오늘날 이 자리에서 이 문제 난 것이 도시 하나님 뜻인 듯하니 형님이 그 돈을 아니 받을지라도 당장 곤란을 당할 터 아니오니 탕감하여 주셔 받아야 하겠다 하는 마음과 갚아야 하겠다 하는 금심(琴心, 간절한 마음)이 서로 있어 기도하는 때에 항상 거리낌이 없게 하면 하나님께서 더욱 아름답게 여기시겠다."

이 말을 들은 박두병 권사는 2천 원의 빚을 받지 않겠다고 했다. 박씨 형제에게 말씀으로 권면한 종순일 목사도 비슷한 경험이 있었다. 예수 믿고 신앙 생활을 시작한 종순일은 마태복음 18장 23-35절을 읽고 감동받았다. 그래서 자신에게 빚진 사람들을 집으로 불러 그들 앞에서 빚 문서를 불태워 버렸다. 이 이야기는 1900년 〈대한그리스도인회보〉에 나온다.

강화 홍의 교우 종순일 씨가 자기 죄를 하나님께서 용서하여 주심을 깨닫고 무한 감사하며 또 성경 말씀을 생각하고 스스로 갈아대 (말하기를) 하나님께서 나의 천만 냥 빚을 탕감하여 주셨으니 나도 남이 내게 빚진 것을 탕감하여 주리라 하고 빚진 자들을 모두 청하여 놓고 말씀으로 연설하여 전도한 후에 빚진 문서를 그 사람들 앞에서 즉시 불을 놓으니 탕감하여 줌을 입은 자들이 크게 감복하여 영화를 하나님께 찬송하고.

그 후 종순일은 자신의 전 재산을 처분해 홍의교회에 헌납하고 전도자가 되었고 석모도, 주문도, 서검도, 볼음도, 매음도, 말도 등 도서島嶼 지역을 다니며 목회했다.

인천광역시 강화군 서도면 주문도리. 주문도라는 이름은 임경업 장군과 관련이 있다. 임경업 장군이 명나라에 원병 수신사로 가던 중 항해가 여의치 않자 이 섬에 내려 인조에게 이런 사실을 문서로 상주했다고 해서 '주문도'秦文島가 되었다. 본래 상소하다, 아뢴다는 뜻의 주秦 자를 썼으나, 언제부턴가 물 흐를 주注 자가 쓰인다. 주문도로 가는 길에 있는 석모도에는 1899년 창립된 삼남교회를 비롯해 다섯 개 교회가 있고, 볼음도에는 1902년 창립된 볼음도 교회가, 아차도에는 1906년 창립된 아차교회가 있다. 볼음도 북서쪽 말도엔 말도등대교회가 있고 석모도 서쪽 서검도에도 교회가 있다. 바다 위에 보고 들을 만한 역사가 푸짐히 차려져 있다.

서도중앙교회 한옥 예배당은 1997년 8월 인천시 지방문화재 제14호로 지정되었다. 1923년 여름, 교인들이 1원씩 헌금해 마련한 7천 원으로 건축했다. 정면 5칸, 측면 7칸 모두 35칸짜리 전통 한옥예배당이다. 목재와 기와를 강화 본도에서 배로 실어 와 응개지 나루터에서 소달구지로 운반했다. 이때 소 두 마리가 과로로 죽고 말았다. 그래서 교인들은 이 교회를 '소 두 마리 제물 삼아 지은 교회'라고 한다. 건물 외형은 단층 일자형에 조선 기와를 얹었고, 종탑은 교회 본관과 연결되어 있다. 종탑 지붕은 솟을지붕 형태인데 본당은 팔작지붕이다. 전체적으로 배의 형태인 예배당은 종탑 부분이 뱃머리, 뒤쪽 강단이 배의 고물에 해당된다. 이 예배당도 장방형의 바실리카 양식이다.

예배당 안을 들여다보면 기둥이 좌우에 여섯 개씩 열두 개다. 기둥으로 회중석과 좌우 복도가 구분되고 열두 기둥은 열두 사도를 상징한다. 강대상은 가운데 두 칸을 차지하고 있는데 불교의 제단과 왕의 옥좌와 많이 닮았다. 강대상 뒤에 두 개의 십자가 창문이 있다. 창은 1960년에 벽을 뚫어 만든 것으로 어두운 예배당을 밝히는 채광용이다. 가만히 보면 예배당 양쪽에 있는 창문 수가 다르다. 입구에서 볼 때 오른쪽 창은 세 개인데 왼쪽은 네 개다. 창문이 서로 엇갈리게 마주 보고 있는 셈이다. 실내 환기가 더 잘되도록 설계한 것이다.

예배당 오른쪽 벽 뒤 들보에 편액 세 개가 걸려 있다. 조선시대 누각이나 정자에서 볼 수 있는 누정기(시인, 묵객이 정자나 누각의 유래와 감상을 적은 글)를 담은 편액들이다. 하나는 1926년 영생학교 교사 신원철과 모태정이 지은 '영세 기념사'인데 2,400원을 들여 교회 부속 영생학교 교사를 신축한 내용이고, 다른 하나는 1927년 담임인 김성대 목사가 쓴 '기념서'^{紀念書}로 윤성심 전도부인이 50원을 헌금해 교회 종을 구입했다는 내용이다. 마지막 하나는 1993

년 서도중앙교회 100주년을 기념하는 축시다. 밖으로 나오면 예배당 왼쪽에 종탑이 하나 있다. 1993년경에 새로 만든 것이다. 오른쪽 위에 있는 건물은 현재 예배처로 사용하고 있는 장소다.

교회를 둘러보다 질문이 생긴다. 누가 이 먼 곳까지 와서 복음을 전하고 교회를 세웠을까? 그들에게 주문도 전도는 어떤 의미였을까? 1950년대에 기록된 서도중앙교회 연혁에 다음과 같은 내용이 있다.

> 1893년 여름 륜돈교倫敦教 신부 2인(왕대인, 갈대인)과 현직 매음리 전도사 윤정일 씨가 본동에 내도하여 천국 복음을 전파할새

여기서 륜돈교는 성공회를, 왕대인은 워너 신부를 가리키고 갈대인은 총제영학당 교관 콜웰을 의미한다. 성공회 교인 윤정일은 통역으로 참여했다. 이들이 주문도에 들어와서 복음을 전했다는 것이다. 그때는 개종자를 얻지는 못했다. 10년 후 윤정일이 다시 왔다. 이번에는 감리교 전도인 신분이었다. 1902년 여름 윤정일은 웅개지 나루터에서 외쳤다. "회개하시오. 천국이 가까웠습니다." 그 당시 웅개지 나루터는 연평도에서 조기를 잡아 온 배들이 모여 드

는 곳이었다. 이곳에서 하루를 쉰 배들은 교동과 강화도 양사를 거쳐 한강 마포 나루로 갔다. 선원과 상인 그리고 색싯집과 도둑이 웅개 나루터로 몰려들었다. 아무도 윤정일의 외침에 귀 기울이지 않았다. 사도행전 26장 24절 말씀처럼 "네가 미쳤도다" 하며 사람들은 그에게 손가락질했다.

그러나 "밤이 맞도록 수고"한 결과 한 영혼을 얻었다. 뱃사람 김근영이었다. 김근영은 예수를 영접하자마자 자기 집으로 달려가서 사당을 부수고 신주들을 불태워 버렸다. 어머니가 열병에 걸려 사경을 헤맬 때 권신일과 윤정일 같은 전도자를 불러 함께 기도했다. 예수께서 베드로의 집에 들어가서 그의 장모가 열병으로 앓아 누운 것을 보시고 그의 손을 만지시니 열병이 떠나간(마 8:14-15) 것처럼 그의 어머니 병도 곧 나았다.

김근영은 열심히 전도했다. 3년의 세월이 흘러 그는 1905년 정부로부터 옛 주문진注文鎭을 불하받아 학교를 세웠고, 한편으로 친일단체인 일진회와 맞서면서 민족의식을 고취시켰다. 이에 김근영에 대한 주민들의 생각도 달라졌다. 주문도의 유력한 양반인 박씨 집안에서 교회에 나오기 시작했다. 박승형과 박승태 형제가 믿으면서 분위기가 달라졌다. 굿을 하는 집이 사라졌고 교회에 나오는 사람들이 늘어났다.

1917년 빚 탕감의 주역인 박두병, 박순병 형제는 박승태의 아들이고, 1907년 주문도 최초의 근대 교육기관인 영생학교를 설립한 박용세는 박순병의 아들이다. 주문도를 중심으로 주변 섬으로 복음이 전해졌다. 윤정일의 전도로 볼음도와 말도, 서검도에 교회가 세워졌고, 아차도에는 강화읍 잠두교회에 다니던 교인이 이주해 오면서 교회가 설립되었다.

주문도 웅개지 나루터는 강화도의 땅끝이었고 주변 섬들은 땅끝 구석구석이었다. 지금 웅개지 나루터는 어떤 모습일까? 서도중앙교회 김의철 권사가 "웅개지 나루터엔 폐가 한 채 남았을 뿐 사람이 살지 않아요. 주문도에 159가정이 있는데, 모두 교회에 출석하고 있지요"라고 귀뜸해 줬다.

"그들은 우리 밥이라"(민 14:9). 윤정일은 이 말씀을 붙잡고 기도했을 것이다. 주문도의 유일하고 거룩한 미끼였던 김근영 덕분에 주문도 2백여 명 영혼은 영원한 생명을 덥석 물었다. 술집도 없고 노래방, 다방 하나 없어도 심심하지 않은 섬, 모든 것이 신비로운 곳이다.

수촌교회

일본의 수치를 드러내다

경기도 화성시 장안면에 마귀할멈산과 마귀할아범산 전설이 전한다. 먼 옛날 마귀 대왕이 전국에 마귀 소집령을 내렸다. 저 아랫녘 남쪽에 살던 마귀 부부도 한양으로 길을 떠났다. 여러 날 후에 장안면에 도착해서 산을 넘어가는데 발이 땅에 달라붙어서 떨어지지를 않았다. 이게 웬일인가 하며 어쩔 줄 모르고 있는데 갑자기 하늘에서 호통 소리가 났다. "이제까지 지은 죄도 엄청난데 앞으로는 더 이상 나쁜 짓 하지 말고 너희가 살던 곳으로 썩 물러가거라." 그런다고 마귀 부부가 말을 들을 리 없었다. "우리가 무슨 죄를 지었다고 그래. 산신령 주제에 별 참견을 다 하시네. 마음대로 하시오" 하며 산신령에 맞섰다. 그때 천둥 번개가 치고 바람이 세차게 일어나더니 갑자기 '쾅' 하고 벼락이 떨어졌다. 불에 타서 벌거숭이가 된 마귀할멈은 그대로 굳어 바위가 되었다. 자기 혼자 살겠다고 도망가던 마귀할아범도 벼락을 맞아 바위가 되었다. 두 산은 서로 마주 보며 수백 년을 살고 있다.

이 이야기처럼 부끄러움이 무엇인지 알려 주는 두 교회가 있다. 수촌교회와 제암리교회는 일본이 우리 민족에게 저지른 죄악과 수치를 증언하는 역사다.

현재 예배드리는 예배당 왼편에 옛 수촌교회 예배당이 다소곳이 앉아 있다. 아담한 풀밭 위 초가집 한 채, 노란 초가지붕은 반쯤 몸을 가린 달 같다. 바닥에 돌단을 두툼하게 쌓고 그 위에 예배당을 올려놓은 모양새다.

예배당 앞에 서 있는 안내판에 "규모는 정면 7.33미터, 측면 4.93미터이고 예배당 내부는 당시 교회로 사용되었던 마루와 방 2개, 부엌, 현관으로 추정되는 공간으로 구성되어 있다"라고 적혀 있다. 조심스럽게 문을 열고 들어갔다. 내부는 기둥 없이 확 트인 통간이다. 아래는 나무로 된 마룻바닥이고 위로는 거대한 대들보가 걸려 있었다. 병풍, 시계, 십자가, 오래된 풍금 등이 좁은 공간을 가득 채우고 있다. 뒤쪽에 문 하나가 더 있었다. 목사님이 강대상 쪽으로 들어갈 때 사용하던 문이다.

밖으로 나와 한 바퀴 돌아본다. 벽면을 위아래로 나누는 중인방 위는 흰색 벽으로 둘렀고 아래는 두꺼운 흙돌벽이다. 앞뒤로 창과 문이 붙어 있는데 양 측면은 막혀 있는 하얀 벽이다. 네 모퉁이 사각 기둥은 사방으로 튀어나온 흙돌벽보다 옴폭하게 들어가 있다.

1932년 지어졌을 당시에는 네 칸은 예배당, 나머지 두 칸은 사택으로 사용했다. 1955년 함석 예배당을 새로 지은 후에는 사택으로 사용되었다. 1986년 경기도 향토문화재 사적 제9호로 지정되었지만, 건물이 낡고 퇴락이 심해 1987년 중건했다.

화성에 복음이 들어온 것은 1890년 어간이다. 화성군 동탄면 장지리(당시 화성유수부)에 사는 박효승이 처음 믿기 시작했고, 1893년 동탄면 장지리에 교회가 세워졌다. 그리고 화성을 거점으로 용인, 광주, 시흥으로 복음이 전파되었고 1901년경 수원읍(1896년 이후 수원군)에도 예배처가 마련된다.

바닷물이 마을 어귀까지 몰려들어 수촌리^{水村里}라 불리게 된 마을에 복음이 들어온 것은 1900년경인데, 초기 교인들은 네 시간

아담한 풀밭 위 초가집 한 채,
노란 초가지붕은 반쯤 몸을 가린 달 같다.
바닥에 돌을 두툼하게 쌓고
그 위에 예배당을 올려놓은 모양새다.

거리에 있는 남양교회까지 가서 신앙생활을 하다가 1905년 3월 정창하의 집에서 첫 예배를 드렸다. 배재학당에서 공부한 김교철이 고향에 내려와 신식 학문을 가르치는 서당인 장진의숙을 세운 것도 이 무렵이다.

그때 일본인들은 발안을 중심으로 향남면, 장안면, 우정면 등 현재의 화성시 지역으로 진출해 토지를 빼앗고 정미소와 염전, 간척 사업으로 막대한 이득을 얻고 있었다. 한국인에 대한 일본인의 차별과 박해는 못을 두들기는 망치처럼 집요했고, 일본인의 착취에 반발하는 한국인의 반일 감정도 들끓어 올랐다.

이런 상황에서 1919년 3·1운동이 일어났다. 3월 26일 만세 시위를 시작으로 3월 31일 발안 장날에는 천여 명이 모였다. 시위는 걷잡을 수 없이 확산되었다. 시위대는 장안면과 우정면 면사무소에 불을 질렀고 일본인의 집과 상점을 공격했다. 심지어 주재소(파출소)까지 불태워 버렸다. 시위대를 향해 총을 쏘던 일본 경찰 둘이 성난 시위대에 맞아 죽기도 했다.

화성 지역의 시위는 맹렬했다. 그중에는 기독교인과 천도교(동학)인의 연합 시위도 많았다. 일본군은 헌병, 경찰로 구성된 혼성부대를 조직해 시위 주동자와 참여자를 잡아들였다. 4월 2일부터 14일까지 803명을 체포했고 민간인 열 명을 죽였다.

수촌리도 피해를 입었다. 일본군이 수촌리의 기독교 지도자 김교철과 천도교 지도자 백낙열을 체포하는 과정에서 수촌리교회와 마을이 불탔고 많은 사람이 체포되고 부상을 입었다. 마을은 두 번의 습격을 받았다. 4월 5일 한밤중에 일본군은 수촌리를 포위하고 불을 지르고는 도망쳐 오는 사람들을 총 끝에 꽂은 창으로 찌르고 발로 밟았다. 그리고 모조리 잡아갔다. 그날 수촌리 42호 중에 38호가 불탔다.

일주일 후인 4월 11일, 일본군이 다시 왔다. 그들은 남아 있는 집 네 채를 마저 불태워 버리고 1차 습격 때 피신했던 김교철 전도사를 잡아갔다. 예배당과 마을 전체가 불타고 교인들이 잡혀갔다는 소문은 서울로 퍼졌다. 16일 장로교 선교사 언더우드와 영국 공사관 커티스 부영사, 테일러 기자가 수촌리를 방문했다. 그런데 더 심각한 상황과 마주했다. 수촌리로 가는 길에 제암리교회의 참상을 본 것이다. 충격이었다. 어떻게 하나님의 성전 안에 사람들을 몰아넣어 죽일 수 있는가? 게다가 예배당을 불 질러 버리다니…….

그 뒤 세브란스병원 의사 스코필드, 영국 영사 로이즈가 방문했고, 수원 지방 감리사 노블을 비롯해서 케이블, 빌링스, 벡크 등

감리교 선교사들이 찾아왔다. 이들을 통해 수촌리교회와 제암리교회의 참상이 전 세계로 알려졌다.

수촌교회가 다시 예배당을 마련한 것은 1922년이다. 아펜젤러와 노블 선교사의 지원으로 8칸 초가 예배당을 마련해 예배를 드렸다. 그리고 1932년에 현재 자리로 옮기면서 6칸 초가로 축소되었다.

수촌리교회에서 차로 십여 분 거리에 제암리교회가 있다. 제암리교회는 1905년 8월 안종후의 사랑방에서 시작되었다. 1919년 4월 15일 일본군은 앞잡이 조희창의 안내를 받으며 제암리로 와서 주민 스물세 명을 예배당에 가두고 불을 질렀다. 그것도 모자라 탈출하려는 사람들을 총으로 쐈다. 그리고 마을에 불을 질러 가옥 30여 채를 태워 버렸다. 이때 교회 설립자인 안종후를 비롯한 감리교인 열두 명이 죽었다. 나머지 열한 명은 천교도인이었다. 그리고 인근 고주리로 가서 천도교인 가족 여섯 명을 총살했다.

제암리 사건이 폭로되고 얼마 후 앞잡이 조희창은 호적을 여자로 바꾸고 도망가 버렸다고 한다. 그리고 제암리와 고주리에서 스물아홉 명을 죽인 일본군 지휘관 아리타는 군법회의에 회부되어 '30일간 근신하라'는 중벌(?)을 받았다. 1895년 명성황후를 시해한 일본인들도 처벌을 받지 않았다. 모두 증거 불충분으로 무죄를 선고받았다. 공의로우신 하나님이 매일 분노하고 칼을 갈지 않으실 수 없는 결과다(시 7:11-12).

충청지역

청주제일교회
청주수동교회
진천교회
음성교회
부대동교회
공주제일교회
강경북옥교회

청주、제일、교회

영원한 내일을 꽃피우는 교회

금강의 작은 지류인 무심천은 청주시를 남에서 북으로 뚫고 들어가 청주와 청원의 경계를 이루는 미호천으로 날아드는 화살 같다. 평상시에는 흐름이 완만하다가도 비가 오면 물이 넘치고 금세 거칠어져 주변 논밭을 휩쓸고 지나간다. 쉬지 않고 내리는 비를 쳐다보며 무심한 하늘을 원망했다 해서 '무심천'無心川이라 불린다.

 길이 34킬로미터에 달하는 청주의 젖줄 무심천은 천주교인 수십 명이 죽임 당한 처형장이기도 하다. 1799년 당진 출신 배관겸이 청주 병영에서 팔다리가 부러지고 살이 터지는 고문에 시달린 뒤 무심천으로 끌려 나가 처형당한 일을 비롯해 신유박해(1801), 기해박해(1839), 병오박해(1846), 병인박해(1866) 때 수많은 천주교인이 이곳에서 목숨을 잃었다. 그렇게 생을 달리한 천주교인들의 목이 천변에 나뒹굴었다 해서 물이 거꾸로 흐르거나 냇가의 돌멩이가 슬프게 울었을 리 만무하다. 무심천은 무심히 흘렀을 것이다. 마치 아무 일도 없었다는 듯이……

"순교였습니다. 그러나 얼마나 기막힌 순교입니까? 나는 오랫동안 성인전에 쓰인 그런 순교를, 예를 들면 그 사람들의 영혼이 하늘로 돌아갈 때, 하늘에는 영광의 빛이 감돌고 천사들이 나팔을 부는 그런 혁혁한 순교를 꿈꾸어 왔습니다. 하지만 지금 당신에게 이렇게 보고하고 있는 이곳 신자들의 순교는 그와 같은 혁혁한 것이 아니고, 이처럼 비참하고 이처럼 아픈 것이었습니다. 아! 비는 쉴 새 없이 바다에 내립니다. 그리고 바다는 그들을 죽인 뒤 오직 무섭게 침묵만 지키고 있습니다." 엔도 슈샤쿠의 소설 《침묵》의 한 구절이 생각나는 곳이다.

> 청주읍교회가 성립하다. 선시(先時)에 감리파 선교사 서원보(스웨어러)가 당지에 래(來)하여 전도함으로 천행균과 김나오미가 믿었고 지시하여 장로교파 민노아(밀러)와 장로 김흥경이 당지에 래하여 주의 복음을 협력 전도한 결과로 유망한 청년 중 김원배, 방흥근,

이영균, 김재호, 이범준 등이 귀주신교후(歸主信敎後, 주님께 돌아와 신실한 교인이 된 후)로…… 교회가 성립되어 점차 흥왕하더라.

_《조선예수교장로회 사기》에서

장로교의 청주 선교는 1900년 죽산군(지금의 안성군)에 둠벙리교회가 설립되면서 시작됐다. 1901년 둠벙리교회 사경회에 참석한 청주 신대리 사람들이 신대교회를 설립했는데, 이 교회는 청주는 물론이고 충북에서 가장 먼저 설립된 교회다. 신대교회를 시작으로 1901년 노계교회, 1903년 괴산교회가 설립됐다. 청주제일교회는 밀러$^{F.S.Miller}$(한국명 민노아) 선교사와 김흥경에 의해 시작되었다. 밀러 선교사는 1900년경부터 청주 장날이면 김흥경과 시장과 길거리를 돌아다니며 노방전도를 했다. 그리고 선교 본부에 청주 선교부 설치를 요청했다. 1904년 청주 선교부가 설치되자, 밀러 선교사가 내려와 청주제일교회를 설립했다. 이때 김원배, 방홍근, 이영균, 김재호, 이범준 등의 청년이 참여했다. 교회가 처음 세워진 곳은 청주성 남문 밖에 있는, 방이 여섯 개 딸린 초가집이었다. 이곳은 김흥경의 처소 겸 예배당, 책방 등으로 다양하게 사용됐다. 그리고 광남학교를 인수해 청남학교로 개칭하고 교육 사업도 시작했다.

교인이 늘어나면서 더 넓은 공간이 필요해 1년 후 옛 영장 관사와 감옥 터를 포함한 1,500평 대지로 교회를 이전했다. 정3품인 영장은 청주성에 거주했던 병마절도사(종2품, 지금의 도지사) 다음가는 벼슬로, 지역 방어와 치안을 담당하는 실제적인 지휘관이었다. 영장의 관사는 성 밖에 있었고 옆에 감옥이 있었다. 조선 말기 충청도 전역에서 잡혀 온 천주교인들이 이곳 감옥에서 고문받다 죽었고, 무심천으로 끌려가 처형당했다. 1866년 병인박해 때 끌려온 양반댁 규수들 역시 고문을 받고 배교를 강요당했다. 그들은 이렇게 말하며 고통을 감내했다고 한다. "내일이면 꽃을 피우리라."

백 석 규모의 예배당을 지으면서 청남학교를 옮겨 왔고, 1907년부터는 열세 명의 학생을 데리고 청신여학교를 시작했다. 이 두 학교는 1923년 남녀공학으로 통합되었는데, 1936년 일제가 강요하는 신사참배를 거부하다 휴교당했다. 학교는 1945년 공립이 되었지만 청주제일교회의 교육 전통은 1949년 세광중학교, 1953년 세광고등학교를 개교함으로써 계속 이어져 내려왔다.

1914년에 2백 석 규모의 함석지붕 목조 단층 예배당을 지었다. 1939년에는 5백 석 크기의 2층 벽돌 예배당을 다시 세웠다. 이 예배당은 1950년 부분적으로 증개축을 해서 약간 늘린 것 외에 큰 변화가 없다. 지금도 이 예배당에서 예배를 드린다. 시장 한복판에 자리한 교회는 전형적인 고딕 양식으로 지어졌다. 예배당 입구 정면에 벽돌로 세운 4층 높이의 중앙 첨탑이 있다. 곧장 2층 예배실로 들어갈 수 있도록 양쪽 출입구에 계단을 설치했다. 문과 계단이 양쪽으로 있는 것은 남녀가 들어가는 문과 길을 구별하려는 의도로 보인다. 2층으로 올라가는 계단은 천국으로 가는 길을 상징하는 것 아닐까? 마야와 잉카, 아즈텍 문명 유적에 사방이 온통 계단으로 뒤덮인 피라미드가 있는데, 계단은 신을 향해 가는 길을 의미한다. 카이젤 수염처럼 길게 늘어진 계단을 통해 하나님께 올라간다.

2층 전면 중앙에 교회 이름 '淸州第一敎會禮拜堂'(청주제일교회예배당)이 한 글자씩 새겨진 네모난 돌판 아홉 개가 아치형으로 붙어 있다. 청주의 명필로 손꼽히던 오의근 장로가 쓴 글씨다. 새 예배당을 지으면서 처음으로 의자를 놓았다고 한다. 그런데 부인들이 "어떻게 하나님께 예배를 드리면서 건방지게 의자에 앉아 드릴 수 있느냐?"며 마룻바닥에 앉아 예배드렸다고 한다. 실제로 기독교 역사에서 의자가 등장한 것은 그리 오래지 않았다. 천주교도 17세기 이후부터 의자를 사용했고, 동방정교회는 지금도 서서 예

배를 드린다.

　예배당 외벽 여기저기 옴폭 패인 곳이 많다. 한국전쟁 때 떨어진 폭탄의 파편이 남긴 흔적이다. 전쟁은 벌써 오래전 일이지만, 교회의 상처는 여전하다. 건물 서남쪽 벽에 얽은 마마 자국이 천형처럼 남아 있다.

　예배당 마당에 '로간 부인 기념비'와 '충북 지역 기독교청년운동 기독여성운동 민주화운동의 요람비'가 있다. 로간 부인은 1909년 조선에 건너와 10년 동안 청주 지역 여성 선교를 담당한 분이다. 1919년 별세한 그녀는 서울 양화진외국인선교사묘원에 묻혀 있다. 이 비는 청주제일교회 여선교회가 주도해 만든 충북 최초의 한글 기념비라고 한다. 충북 지역 요람비는 최근에 생겼다. 김태희 등의 청년이 벌인 교육운동, 로간 부인의 여성운동, 유신정권과 신군부 시절 충북 지역 민주화운동의 구심점이었던 찬란한 교회 역사는 부서지지 않는 돌덩이가 되었다.

　김태희는 광남학교를 창립한 청년 중 하나로, 밀러 목사를 통해 신앙을 갖게 됐고 신앙과 교육 사업에 헌신했다. 1909년 청소년 비밀 독립운동 단체인 대동청년단에 가입했고, 3·1운동 이후 상해 임시정부 국내 비밀조직의 충북 책임자가 되어 독립운동을 전개했다. 1920년 청주제일교회 장로가 되었고, 1921년 일본이 헐어 버린 망선루 복원 운동을 주도했다. 그런데 안타깝게도 교회에 김태희 장로를 기억하는 사람이 없다.

청주에는 청주제일교회가 또 하나 있다. 1951년 5월 창립된 감리교 청주제일교회다. 1909년 체결된 북감리교와 북장로교의 선교 지역 분할의 결과로 원주, 강릉으로 이어지는 강원도와 충주, 진천, 음성, 제천, 단양 등 충북 북부 지역은 북감리교가 맡고, 청주, 옥천, 영동, 증평, 괴산 등 충북 남부 지역은 북장로교에서 맡게 되었다. 1904년경 형성된 감리교 공동체는 장로교로 넘어갔고, 이 구분이 해방 이후까지 지켜졌던 것이다.

교회 근처 탑동에 충북 유형문화재로 지정된 선교부 건물 여섯 채가 있다. 밀러 선교사 무덤이 있는 포사이드 기념관, 소민병원 건물이었던 던컨 기념관, 로위 기념관, 솔타우 기념관, 퍼디 기념관, 밀러 기념관 등이다. 청주제일교회는 2009년 기독교장로회 총회의 유적교회 6호로 지정됐다. 충북에서 가장 오래된 신대교회가 있는 마을 안쪽에 '기독교전래비'가 있다. 신대교회 초기 교인들은 신대 포구에서 배를 타고 죽산 둠벙리교회 사경회에 참석했다. 사경회를 마치고 돌아와서는 포구 주막집에 모여 전도 집회를 열었다.

"에헤야 배 떠나간다/ 영생 포구로 배 떠나간다/ 우리 주님이 사공 되셨으니/ 아무 두려울 것 없네."

청주、수동、교회

한국인 최초의 주교를 배출하다

1900년 북장로교 밀러 선교사를 통해 청주에 복음이 들어온 뒤, 1904년 스웨어러W. Swearer(한국명 서원보) 선교사를 통해 감리교도 들어왔다. 1890년 서울과 제물포에 선교 기지를 마련한 성공회는 강화, 수원, 진천 등지로 확대되었다. 진천을 통해 청주에도 1908년 전후로 성공회가 들어왔을 것인데, 청주수동교회가 정식으로 설립된 것은 1915년경이다. 복음이 들어온 시기와 설립 연도에 차이가 있는 것은 교회를 담임하는 사제의 유무에 있다. 개신교라면 처음 예배를 드린 시점을 창립 연도로 볼 것이나 성공회는 사제를 파송한 때를 설립 연도라 한다.

 1920년 이후 수동교회의 위상이 달라졌다. 1908년 충청북도 도청을 충주에서 청주로 옮겨 오면서 청주가 도시화되고 충북의 중심지로 떠오르면서 선교 중심지도 자연스럽게 진천에서 청주로 변경되었다. 물론 이런 변화가 한순간에 이뤄진 것은 아니지만 1930년 쿠퍼 신부가 조선성공회 4대 주교가 되면서 탄력을 받았다. 1932년 수동 202번지 일대 5천 평을 대지로 구입했고, 진천에 있던 리A.W.Lee 신부가 청주로 와서 성당 건축과 선교를 전담했다. 1935년 9월 새 성전 축성식을 했다. 성전 이름을 그레고리성당이라 한 것은 영국 버밍엄의 세인트그레고리 교인들이 건축비를 대부분 대주었기 때문이다.

남북으로 세워진 성당 건물은 전면 4칸 측면 8칸, 도합 32칸이다. 강화읍성당이 전면 4칸, 측면 10칸으로 짝수 칸인 것 외에는 대부분 홀수 칸인데, 이례적이다. 제단은 당연히 북쪽을 향하고 있다. 장방형 건물 실내에는 2열의 기둥이 회중석과 복도를 구분한다. 바실리카 양식이다. 같은 양식이라 해도 강화읍성당 제단은 동쪽에 있다.

건물 전면에 좌우 한 칸을 사용해 두 짝 여닫이문을 달았다. 문에 유리를 끼웠는데 위는 十자 문양이 있는 亞자형 창살을 해 넣었고, 중간은 빗살무늬창이고 아래에 궁판을 두었다. 궁판은 문턱

수동교회는 청주 지역 최초의 성공회 성당이자,
최초의 한국인 주교를 배출한 교회다.

과 같은 역할을 하는 것으로 실내 바닥이 보이지 않도록 한 장치다. 그리고 양쪽 여닫이문 사이에 낸 두 짝 여닫이 창문에는 十자 문양의 亞자형 창살을 했다. 위창은 반원형 아치에 트레서리(여러가지 곡선 장식)를 했다. 처마는 겹처마로 아래층 서까래 끝은 네모로 깎았고, 서까래에 화초무늬를 새겨 넣었다. 지붕은 팔작지붕으로 합각에 벽돌 십자가를 새기고 주변을 시멘트 모르타르로 장식했다.

출입구 안쪽에 석등을 닮은 팔각 대리석 세례대가 있다. 세례대 각 면에는 "重, 生, 聖, 潔"(중생성결) 네 글자가 새겨져 있다. 덮개는 강화읍성당과 온수리성당에 있는 것과 달리 눈에 확 띄게 만들었다. 세례대는 석등의 구조로, 팔각면 부분은 상대석, 그 아래는 간주석, 받침은 하대석으로 구분할 수 있다. 덮개는 화사석(등불을 밝히도록 한 부분)과 옥개석(지붕처럼 덮는 돌)을 합친 모양이다. 맨 위의 십자가는 보주(꼭대기에 얹은 구슬 모양의 장식)를 대신하고 있다. 제단의 자개 칠보무늬 사제석은 1989년부터 사용하고 있는 특별한 것이다.

1965년 수동교회 주임 사제인 이천환 신부가 한국인 최초로 주교가 되었고, 수동교회는 1985년 충청북도 유형문화재 제149호로 지정되었다.

　수동교회 가까운 곳에 삼일공원이 있다. 3·1운동 당시 민족 대표 33인으로 활동한 청주 출신 신홍식, 정춘수, 신석구, 손병희, 권병덕, 권동진 등 여섯 명의 동상이 공원에 세워졌다. 신홍식, 정춘수, 신석구는 감리교 목사였다. 그런데 지금은 정춘수의 동상이 없다. 그는 일제 강점기에 한국 감리교를 대표하는 감독의 자리까지 올랐던 사람이다. 변절이 문제다. 그는 친일파가 되고 말았다. 감독 시절 혁신 교단을 만들고 반일 의식을 가진 동료 목회자들을 교단에서 축출하는 데 앞장섰다. 그것도 모자라 예배당을 처분해 비행기를 일본에 헌납하기도 했다. 해방 후 반민특위에 회부되었고 더 이상 감리교에 있을 수 없게 되자 천주교로 개종해 버렸다. 1996년 2월, 청주 지역 재야 시민단체 회원들은 정춘수의 동상을 끌어내렸고 동상은 두 동강이 났다. 그 후로 텅 빈 기단만 있었는데, 얼마 전부터 횃불 형상의 조각상이 자리를 대신하고 있다.

　횃불 조각상 옆에 신석구 목사의 동상이 있다. 신석구와 정춘수는 절친한 친구였다. 목회밖에 모르던 신석구 목사를 꾀어 민족 대표로 끌어들인 장본인이 정춘수였다. 정춘수의 인생이 곁길로 빠졌다면, 신석구의 삶은 쭉 뻗은 외길이었다. 신사참배를 거부했던 신석구 목사는 1년마다 보따리를 싸서 이사를 다녀야 했다. 당대의 명설교자였지만, 들어줄 교인이 없었다. 한번은 교인이 하나도 없는 교회로 파송받아 신석구 목사가 "하나님, 오늘이 주일인데 예배에 참석한 교인이 한 명도 없습니다"라고 기도하자 듣고 있던 사모님이 "나는 교인 아닌가?" 하고 한마디 툭 던졌다는 일화가 있다. 아들에 손자까지 3대가 함께 살다 보니 신석구 목사의 집은 정말 가난했다. 하지만 믿음과 민족의 양심을 내다 팔지는 않았다.

나란히 서 있는 신석구와 정춘수 동상에서 중국 남송의 악비와 진회를 본다. 거란족이 세운 요나라와 싸운 민족 영웅 악비와 그 악비를 모함해 죽인 진회는 대척점에 있었다. 20년 후 악비의 억울함이 밝혀졌지만 진회는 죽어 세상에 없었다. 사람들은 악비의 무덤 옆에 무릎 꿇은 진회의 철상을 세웠다. 진회의 철상에 사람들은 침을 뱉었다. 두 개의 거울에 비치는 모습 가운데 어떤 것이 내 얼굴일까?

진천교회

충청북도 성공회 1번지

'생거진천 사후용인'生居鎭川死後龍仁이란 말이 있다. 살아서는 진천에 살고 죽어서는 용인에 산다는 말이다. 용인에 살던 허 과부가 진천으로 내려가서 재혼을 했다. 세월이 흘러 용인에 있던 아들이 찾아와 어머니를 모시겠다고 한다. 그래서 진천에 있는 아들과 재판을 했다. 어머니는 한 분인데 두 아들이 서로 모시겠다고 싸웠다. 고을 원님이 "살아서는 진천의 아들이 계속 모시고 돌아가시면 용인 아들이 모셔라"라고 판결을 내렸다. 그 후 허 과부는 진천에 살다가 죽어서 용인에 묻혔다.

물론 이 이야기로 진천이 살기 좋은 고장이라 말하기는 어렵지만, 진천은 예로부터 주변을 에워싼 작은 산들이 바람을 막아 주고 개울과 저수지가 많아 농사짓기에 좋은 지형이었다. 큰 가뭄이나 홍수도 없었고 큰 난리를 겪은 적도 없으니 살기 좋은 동네였다.

지금 남아 있는 성공회 진천교회는 1923년에 지었다. 이전에 있던 교회가 화재로 없어지고 새로 지은 것이다. 1923년 10월 16일 트롤로프 주교가 '성모 마리아와 성 요한 성당'으로 축성했다. 성전 건축 비용은 영국 홀리루드에 있는 성요한교회 교인들의 헌금으로 충당했다. 크기는 청주수동교회와 마찬가지로 35칸이다. 진천교회는 강화도 온수리성당과 똑같은 설계도로 건축했다.

1950년 7월 진천에서 국군과 인민군의 전투가 벌어졌다. 탱크와 야포를 앞세운 인민군에 맞서 국군은 6일을 버티다가 청주로 퇴각했다. 진천 중심지는 포탄을 맞아 폐허가 되었다. 그런데 진천교회는 멀쩡했다. 집 잃은 피난민들은 교회에 모여 살았다.

교회 건물에 문제가 생긴 것은 1976년이다. 느닷없이 군에서 교회를 가로지르는 소방도로를 내겠다고 통보를 했다. 교인들의 반발과 항의로 교회 건물은 간신히 살아남았다. 그러나 건물을 틀어 옮겨야 했다. 남북으로 세운 건물을 동서로 틀어 옮겼다. 당연히 건물에 무리가 생겼다. 벽에 금이 가고 건물 원형이 많이 훼손되었다.

그 과정에서 애천병원과 신명학교 건물도 헐렸다.

늙고 병든 교회 건물은 사느냐 죽느냐 갈림길에 선 처량한 신세가 되었다. 다행히 2002년 등록문화재 제8호로 지정되어 보호대상이 되었다. 2003년 진천교회는 교성리에 2천 평 부지를 마련해서 새 건물을 지었다. 그리고 왼편에 옛 한옥 교회를 완벽하게 옮겨 복원해 놓았다.

한옥 교회는 팔작지붕에 겹처마이고 합각에 십자가 세 개를 장식했다. 외벽은 붉은 벽돌로 쌓았고, 전면에 문이 둘 나 있다. 여닫이 격자창이 전면 문과 문 사이, 그리고 좌우 측면을 채우고 있다. 주초와 주초 사이는 고막이를 했다. 고막이 중간중간에 바람구멍이 있다.

실내에는 시원한 마룻바닥이 깔려 있고 천장은 들보와 서까래가 훤히 드러나는 연등식이다. 백두산에서 뗏목으로 실어 왔다는 양쪽 열 기둥과 아홉 개의 들보가 제단으로 가는 '구원의 통로' 역할을 한다. 이곳 기둥도 회중석과 좌우 측랑을 구별해 준다.

한옥 교회 왼편에 닳아서 작아진 비석이 있다. 1910년 터너 주교가 별세한 후 진천교회 교인들이 세운 기념비다. 새로 지은 교회 건물 오른편에는 새롭게 복원한 애인병원 수술실이 있다.

진천교회는 충청북도 선교의 출발선이었고,
교회와 애인병원, 진명학교, 신명학교로 이어지는
'삼각 선교'의 중심지였다.

새로 지은 성전 안으로 들어가 보니, 앞 제단 벽은 시원하게 스테인드글라스로 장식했고 제단 오른편에는 아주 오래된 오르간과 화강암 세례대 그리고 어른 키만 한 나무 촛대가 있다. 오르간은 1940년경 영국 벨그레이브교회가 선물로 보낸 것인데, 지금 사용해도 큰 무리가 없어 보였다. 원형 세례대는 1908년 진천 석공이 만들었다고 하며, 위에 문짝처럼 생긴 덮개가 있다. 덮개 중간에 둥근 쇠 손잡이가 있는데 마치 문을 들어 올리는 느낌이 든다. 나무 촛대는 1937년 별세한 윤다비다를 기념해 후손들이 기증한 것이다.

진천에 기독교가 전파된 것은 1900년 이후다. 감리교와 성공회가 먼저 들어왔다. 1902년 감리교 선교사 스웨어러의 보고서는 '목천(천안), 진천, 청주와 충주에서 (전도)사업을 시작했고 덕들교회(이천시 마장면) 박해숙이 그곳에서 일을 했다'고 알려 준다. 1902년 보고서가 전년도 보고임을 감안한다면 1901년부터 충청도에서 감리교 선교가 이루어졌음을 알 수 있다. 당시 충청도 담당은 스웨어러 선교사였다.

감리교 선교는 송파 나루를 건너 광주, 이천을 거쳐서 충주로 흘러갔다. 덕들교회 출신 박해숙, 한창섭, 오해두 등이 충청도

지역으로 가서 전도해 충청도의 문을 열었다. 당시 충청북도 선교의 중심지는 충주였다. 진천감리교회는 1916년을 설립 연도로 지키고 있다. 진천 선교(1901)와 교회 설립 사이에 15년의 간격이 있는 것은 진천에 있는 감리교회 가운데 가장 오래된 진천감리교회가 감리교 초기 진천 선교와 진천 순회 구역(1907) 시기를 받아들이지 않기 때문에 발생한 역사의 단절이다.

성공회가 진천에 들어온 것은 1905년경이다. 당시 성공회는 서울, 제물포, 강화, 부산의 일본인 선교 외에 또 다른 선교 중심지를 찾고 있었다. 1905년 터너 주교는 브라이들$^{G.A.Bridle}$(한국명 부재열) 신부를 수원으로, 거니 신부를 진천으로 보내 전도하도록 했다. 브라이들은 작은 집 한 채를 구입해 임시 성당을 열고 본격적인 전도에 들어갔다. 수원을 중심으로 용인, 아산, 천안, 평택에 교회가 세워졌다.

거니는 진천과 여주, 음성, 청주, 충주로 등지에서 활발한 전도 활동을 했다. 1907년 그는 북변면 상리(지금의 읍내리) 일대 땅 3천 평을 구입해 성전을 짓고 교회를 설립했다. 1908년 60칸이나 되는 일자형 전통 한옥 성당을 '성바오로교회'로 축성했다. 같은 해 진천은 성공회 네 개 선교 지역 중 하나로서 충북 지역 선교를 담당하게 되었다. 청주, 천안, 괴산, 음성, 안성, 경기도 여주가 관할 구역이었다.

1909년 11월부터 로스 부부가 진천에서 의료 활동과 여성 교육을 시작했다. 로스는 강화도 온수리에서 10년간 활동한 경력이 있고, 제물포 누가병원에서도 1년간 근무하다 내려왔다. 그는 사람들이 편하고 부담 없이 찾아올 수 있도록 한옥으로 병원을 지었고(1911년 10월 완공), 병원 이름도 '애인병원'愛人病院으로 하였다.

로스는 1929년 만 62세로 은퇴하고 진천을 떠났다. 그는 매년 1만 명 이상을 진료하면서 육신의 병만 고치는 것이 아니라 영혼을 치료하는 의사가 되기를 원했다. 입원 환자들을 위해 기도해주었고 담 하나 사이에 있는 성당에 나가도록 권면했다. 성당에 나가지 않더라도, 가까운 개신교회 가운데 어디라도 나가라고 했다. 그에게는 진천이 애인이었다. 영국에 돌아가서도 한국을 그리워했고 집을 지은 다음 집을 '진천'이라 불렀다. 그가 한국을 떠나던 날 한 신자가 로스의 삶을 이렇게 칭찬했다.

"오늘 33년이란 장구한 세월을 조선에서 보내고 떠나시는 선생······. 돈이 없는 불쌍하고 가련한 환자에게 약을 주는 것은 물론이요 밥까지 주며 병을 다스리고 병이 나아 퇴원케 될 때에 노자가 없는 자에게 노자를 주며 교군(가마)에 태워서 그의 고향으로 돌아가게 한 것이 한 번이나 두 번만이 아니올시다."

로스가 떠난 후 애인병원은 한국인 의사에 의해 운영되다가 1941년 선교사들이 일본에 의해 강제 출국당하면서 문을 닫았다. 해방 후 다시 문을 열었지만 1년 만에 폐원되고 말았다. 애인병원 건물은 1976년 헐려 버렸다.

1920년대 진천교회는 전국 최고의 교세를 자랑했다. 재적 교인만 3천 명이 넘었고 부활절과 성탄절에는 지방 교인들까지 올라와서 수천 명이 예배를 드렸다. 그들을 먹이기 위해 마당에 큰 솥 다섯 개를 걸어 밥을 지었다. 읍내리 땅 외에도 산과 수천 평의 논이 있어 그 땅에서 소작으로 받은 쌀로 주일마다 교인들을 먹였다고 한다. 진천교회는 충청북도 선교의 출발선이었고, 교회와 애인병원, 진명학교, 신명학교로 이어지는 '삼각 선교'의 중심지였다.

음성、교회

꼬부랑 꼬부랑
가난한 자들의 노래

꼬부랑 할머니가 꼬부랑 지팡이를 짚고 꼬부랑 고개를 꼬부랑 넘는데, 꼬부랑한 온갖 짐승들, 토끼, 다람쥐, 여우, 강아지, 황새 등이 모여든다. 그리고 꼬부랑 칡넝쿨이 꼬부랑 뻗어 나와 꼬부랑 집을 짓는다. 여기서 만든 꼬부랑 떡을 꼬부랑 상에 차려 놓고 꼬부랑 노래와 꼬부랑 춤을 추며 맛있게 먹는다. '꼬부랑'을 반복적으로 사용해 만든 이 설화는 음성군 맹동면에 전해 내려오는 구비 전승이다.

    음성에 전하는 또 다른 전승이 있다. 조선 숙종 때 금왕읍 삼봉리에 살았다는 조륵의 이야기다. 조륵은 지독한 구두쇠였다고 한다. 천장에 굴비를 매달아 놓고 밥 한술 뜰 때마다 쳐다보았다는 자린고비가 바로 그다. 한번은 파리가 된장에 앉았다가 날아갔다.

파리 뒷다리 끝에 묻은 된장을 보고 갑자기 소리를 질렀다. "장 날아간다." 그가 죽은 후 사람들이 '자인고비'慈仁古碑를 세웠는데, 이것이 와전되어 자린고비가 되었다. 그는 돈을 모으기만 하는 구두쇠가 아니라 좋은 일에 쓸 줄 아는 구두쇠였다. 개인적으로는 검소했지만 어려운 사람들에게 많은 도움을 주었다. 조륵의 선행은 암행어사를 통해 왕에게 전달되었고 나라에서 표창을 했다.

1937년 성공회 세례 교인 현황을 보면 진천 615명(5위), 음성 427명(8위)으로 전국 125개 지역 중 상위에 속했다. 그러나 토착 교인 헌금은 전국 18위로 자립도는 낮은 가난한 교회였다. 음성은 지금도 꼬부랑길을 가는 가난한 동네다. 교회도 마찬가지다. 시작도 미약했고 지금도 마찬가지다. 음성교회는 조그만 초가집을 하나 세내서 성전으로 사용하다 1923년 선교부의 도움으로 읍내리에 있는 땅 천여 평을 구입해 성전과 사제관을 지었다. 그런데 성전 건물이 사제관보다 낡았다. 그럴 수밖에 없는 것이 땅은 선교부에서 사주었지만 가난했던 음성교회 교인들은 번듯한 성전을 지을 능력이 없었다. 그때 음성 부자 현씨 집안에서 집을 새로 지으면서 헐어버린 집이 있었다. 교인들은 그 목재를 가져와 성전을 지었다. 그러나 사제관은 진천에 있던 휼렛 신부가 임지를 이곳으로 옮겨 오면서 새 목재를 사다 지었다.

성전 건물은 한옥을 개조한 것으로, 자연석으로 토담 벽을 쌓고 팔작지붕을 올린 15칸짜리 조선 기와집이다. 강화읍성당, 온수리성당, 청주수동교회와 달리 음성교회 지붕 용마루에는 십자가가 없다. 1970년대 지붕을 개량 기와로 바꾸면서 용마루에 있던 십자가를 떼어 냈기 때문이다.

건물 양쪽으로 여덟 개의 4각 유리창이 붙어 있고, 중인방 아래 벽은 고막이를 해서 둘렀다. 합각에는 아무런 장식도 하지 않았다. 뒷면에는 붉은 벽돌로 만든 출입구가 새 부리처럼 튀어나와 있다. 1980년 입구를 늘리면서 생긴 흔적이다. 건물은 낮은 기단 위에 서 있어 마치 오래된 비석을 보는 듯하다.

내부는 천장 가구가 훤히 드러난 연등식이고 대들보에는 먹으로 쓴 "主降生一千九百二十三年十月七日上樑"(주 강생 1923년 10월 7일 상량)이라는 상량문이 또렷하게 남아 있다. 공간은 여섯 개의 기둥으로 회중석과 좌우 측랑을 구별하고 한 칸 크기의 제단은 안으로 들어가 있다. 제단 양 옆에 고해실과 성의실聖衣室이 있다.

역사가 오랜 교회에 가면 보물찾기에 열중하게 된다. 가장 먼저 찾은 것은 기도상祈禱床이다. 1916년 트롤로프 주교가 내려올 때 서울 교인들이 만들어 보낸 것으로 알려져 있는데 가로 버팀목에는 "京城聖公會 救主降生一九一六年"(경성성공회 구주강생 1916년)이라 쓰여 있다. 또 일제 때의 야마하 오르간과 화강암 세례대가 있다. 예수원 설립자 대천덕 신부의 부인 현재인 사모가 1973년에 그린 성화를 안 보고 갈 수 없다. 성자 마르틴을 그린 것이다. 마르틴은 4세기 프랑스 뚜르 주교로 활동했는데 수도와 선행으로 널리 추앙받았다. 지나가는 거지에게 자신이 입고 있던 망토 반을 잘라 준 적도 있다고 한다. 마르틴은 음성교회의 수호성인이기도 하다. 1923년 트롤로프 주교가 내려와 음성교회를 축성할 때 '성마르틴 교회'로 명명했다.

1907년 이후 충북 성공회의 거점은 진천이었다. 진천이라는 나무줄기를 통해 무극(음성), 청주, 충주, 여주로 가지가 뻗어 나갔고 교회 설립이라는 열매를 맺었다. 초기 음성 교인들은 진천까지 가서 예배를 드려야 했다. 그러다가 1909년 부임한 휼렛G.E.Hewlett 신부가 충주, 음성, 대소원, 광혜원, 청주 등지를 순회하며 교인들을 돌보면서 음성에 공소(기도처) 형태의 예배처를 마련했을 것으로 추측된다.《성공회 백년사》를 보면 1909년 3월 무극교회에서 28명

역사가 오랜 교회에 가면
보물찾기에 열중하게 된다.
기도상은 트롤로프 주교가 내려올 때
서울 교인들이 만들어 보냈다고 알려져 있다.

이 견진성사(영세를 받은 신자에게 은총을 더하기 위해 주교가 신자의 이마에 성유를 바르고 성령과 그 칠은七恩을 받도록 하는 성사)를 받았다고 한다. 무극은 음성군 금왕면에 속한 지역인데 무극교회란 표현은 모호하다. 진천으로 가서 예배드렸던 신앙공동체를 말하는 것인지 무극교회가 이미 있었다는 것인지 불분명하다. 현재 음성교회는 1910년을 설립 연도로 지키고 있다.

1915년 한국인 최초로 사제 서품을 받은 김희준이 음성교회 전담 사제로 부임하면서 교회는 활기를 띠기 시작했다. 얼마 후 진천에 있던 리 신부와 휼렛 신부가 와서 교회 일을 보았고 봉전, 금왕, 대소원, 소이 등지에 지교회를 설립했다. 1920년대 들어 음성은 진천과 함께 충북 선교의 중심으로 떠올랐다. 진천에 네 개, 음성에 다섯 개의 성공회 교회가 당시의 교세를 설명해 준다.

옛 성전 옆에 깨끗하고 아담한 성전이 생겼다. 최근에 건축한 성전인데 옛것과 공존하고 있다. 하나는 '날마다 썩어져 가는 옛 몸뚱아리'이고, 다른 하나는 '갓 태어난 아기 살결'을 보여 주는 것 같다. "우리의 겉 사람은 낡아지나 우리의 속사람은 날로 새로워지도다"(고후 4:16)라는 말씀이 여기에 해당되지 않을까?

음성에 있는 성공회 예배당 중 세 곳이 기독교 문화재다. 음성교회의 경우, 건물을 지을 때 헌 집을 뜯어다 지었기 때문에 문화재의 가치가 없다는 이유로 문화재 지정을 받지 못했다.

음성교회 외에 1934년 건축된 것으로 추정되는 대소교회(대소면 오산리)와 1938년 지어진 음성 매일교회(삼성면 상곡리)도 역사적 가치가 있다. 대소교회는 팔작지붕에 겹처마가 나온 것이 특징이고 매일교회는 통간 구조에 마룻바닥이 특이하다. 그러나 관리가 잘 안 되어 원형이 많이 훼손되었다. 음성 매일교회는 상주하는 신부가 없어 폐쇄되었고, 옛 건물은 방치된 상태다. 시간이 가면 풀처럼 말랐다가 눈비 맞아 쓰러져 없어질 것이다. 대소교회는 최근 리모델링을 하여 깨끗한 새 옷으로 썩어질 육신을 가렸다. 하나라도 살아남았으니 다행이다.

부대동, 교회

제비가 박씨를 물어다 준 교회

예로부터 천안은 전라도, 충청도, 경상도로 가는 중요한 길목이었다. 그런 의미에서 천안을 '천하평안'^{天下平安}의 줄임말로 볼 수 있다. 곡창지대인 삼남으로 통하는 관문인 천안에서 삼남을 볼 때 평안해야 나라도 편안하다는 의미일 것이다. 서울과 삼남을 잇는 천안은 만남과 이별이 아침과 저녁처럼 반복되는 곳이기도 했다.

 1908년 부대리에 성전을 짓고 성 요한 제자성당이라고 불렀다. 부대는 토질이 척박한 땅으로 매우 가난한 동네였고, 주민 대부분이 아주 작은 땅을 소작하며 근근이 살았다고 한다.
 '부대'^{富岱}는 '복들'에서 온 말인데, 한자로는 '고정'^{鼓庭}이었다.

'북 고'鼓와 '뜰 정'庭을 합쳐 북뜰로 불리다가 부투리, 부대로 변한 것이다. 936년 고려 태조 왕건이 후삼국을 통일하기 위해 후백제를 정벌하러 갈 때 천안에 87,500명의 대군을 주둔시켰다. 그때 북을 매달고 군사훈련을 시켰던 장소가 부대동이다. 천안은 이름과 달리 전쟁의 꼬리표가 참 길다.

부대리에 처음으로 복음을 전한 사람은 브라이들 신부와 전재익(요한) 전도사였다. 전재익의 전도로 신앙을 받아들인 사람들은 권헌식, 오원종, 임종영, 김모이서 등이었다. 천안에서 전재익의 활동은 눈부셨다. 브라이들은 본국에 보내는 편지에 전재익을 언급했다.

"천안 지방에서 일하고 있는 전요한에 대해서는 아무리 칭찬해도 지나칠 것이 없습니다. 수원에서 180리 떨어진 천안 지방에서 그가 전도한 결과 아주 놀라운 업적을 이루었습니다. 천안읍에서는 지난 두 달 동안 주일마다 집회를 열었는데 구도자가 70명에 이릅니다."

그해 6칸짜리 초가 성전을 마련했는데 부대리 교인들이 90원을 헌금했고 터너 주교가 80원을 지원했다. 1908년 터너 주교가 축성식을 인도했다. 그해 성공회를 서울, 강화, 수원, 진천 네 개 구역으로 조직했는데 천안은 수원에 포함되었다.

교회를 세운 부대리 교인들은 곧바로 북일학교를 설립했다. 다른 지역에서는 '신명' 혹은 '진명'이라는 통일된 이름을 붙였지만, 천안에서는 교인들이 설립 기금과 건물을 마련한 관계로 지역 이름을 붙일 수 있었다. 천안 최초의 사립학교인 북일학교는 후에 1946년 부대초등학교(공립)로 바뀌었다. 북일이라는 명칭은 천안북일고등학교로 연결된다.

한화 그룹의 창업자인 김종희(디도)는 이렇게 회상했다.

"어려웠던 학창 시절, 선교사들이 설립한 북일사립학교에서 변치 않는 신념과 좌절할 줄 모르는 용기, 희생하는 봉사 정신을 배웠습니다. 그 영향을 받아 대학을 세우라는 다른 사람들의 권유를 무시하곤 했지만 감수성이 예민한 고교 시절에 바람직한 전인교육을 시킬 수 있는 명문 고등학교 설립 의지를 항상 가슴속 깊이 갖고 있었습니다."

교회에 갔을 때 가장 먼저 눈에 띄는 것은 120평 규모의 2층 높이 성전이다. 1986년에 지은 건물이다. 교회 땅 8백 평을 떼어 팔고 김종희의 아들 김승연 회장이 기부한 돈으로 지었다. 한때 가장 가난했던 부대동교회가 지금은 성공회 내에서 교회 소유 토지가 많은 교회 가운데 하나로 손꼽힌다. 출신 교인들이 성공했기 때문이기도 하지만, 교인이 죽으면 그 후손들이 유산으로 물려받은 땅의 일부를 교회에 기증하는 전통도 한몫을 했다. 부대동 교인들이 바친 땅이 얼마나 많았던지 한때 부대동의 절반이 교회 땅이었다고 한다.

부대동교회의 전성기는 쿠퍼 신부 시절이었다. 쿠퍼는 1908년부터 15년 동안 부대동교회를 담임했다. 한국말에 능했고 한국 음식도 좋아했던 쿠퍼는 지역 주민들에게도 인기 있는 신부였다. 아픈 사람이 있으면 찾아가 치료해 주었고 설날이면 5전짜리 동전을 준비했다가 세배 온 아이들에게 나누어 주었다. 그래서 설날이면 아이들이 가장 먼저 찾는 곳이 쿠퍼 신부의 집이었다. 그의 헌신적인 목회 활동으로 부대동 주민 90퍼센트가 교인이 되었다. 부대동교회는 많은 신부를 배출했고, 외지에 나간 교인 중에서도 출세한 사람이 많았다.

부대리에 떨어진 복음은 제비가 흥부에게 물어다 준 박씨 같다. 마을 전체를 예수 마을로 변화시켰고 가난한 흥부를 부유하게 만들어 주었다. 수년 전부터 공장이 들어서고 도시 근교 농업이 발달하면서 부대리 주민들의 수입도 늘었다. 말 그대로 부자 터富垈가

되었다. 조만간 교회 주변 지역이 개발될 예정이다. 교회를 옮기게 되면 한옥 성당도 이전하게 될 것이다. 어떻게 하면 원형 그대로 잘 옮겨 보존할 수 있을까? 교회의 고민도 클 것이다.

한옥 예배당은 1921년 11월 트롤로프 주교가 축성한 것으로 24칸 단층이고 동쪽에 제단이 있다. 서쪽 출입구에 있는 두 개의 문은 남녀 신자들이 드나드는 문이고, 뒷쪽 중앙에 있는 문은 혼인미사와 장례미사 때만 사용한다. 지붕은 홑처마고 팔작지붕인데 합각에는 십자가 장식이 있다. 교회는 약간 높은 언덕 위에 앉아 있는데, 건물 밑은 돌바닥이고 그 위를 화강암 기초석으로 둘렀다. 기초석 위에 붉은 벽돌을 쌓아 건물을 세웠는데 중인방 위에 있는 창문의 반은 ☐형이고 아래 절반은 격자무늬다.

교회 옆에 있는 종탑은 1966년 쿠퍼 주교 별세를 기려 세운 것이다. 15년 동안 부대동교회를 담임했던 쿠퍼는 1930년 한국 성공회 4대 주교가 되었다. 그는 한국전쟁 때 서울에서 납북되었다가 기적적으로 생환했다.

한국전쟁 때 교회도 수난을 겪었다. 공산군이 미군 폭격을 피해 성전을 마구간으로 사용한 것이다. 그때 많은 성전 기물이 파괴되었지만 신도회장 차솔로몬이 땅에 묻어 숨겨 놓은 성작, 성반, 놋

십자가, 촛대, 유향합 등은 무사할 수 있었다.

건물 안은 열두 개의 기둥으로 회중석과 측랑을 구별하는 삼랑식이고 천장은 일곱 개의 대들보가 받치고 있다. 교회에서 찾아볼 만한 유물로는 성작聖酌이 있다. 바닥에 "祝永遠安息. 權요한別世記念 一九三三, 十二. 別世"(축 영원 안식 권요한 별세 기념 1933년 10월 2일 별세)라고 새겨져 있다. 금으로 도금한 이 잔은 지금도 매일 미사 때마다 사용하고 있다.

또 다른 유물로 성천聖泉으로 불리는 세례대가 있다. 나무로 만든 것으로 1908년 초가 성전 때부터 사용하던 것이다. 다른 성공회 예배당에서는 대부분 화강암으로 만든 세례대를 사용하고 있다. 부대동교회처럼 나무로 만든 세례대는 강화도 온수리성당에 있는 세례대 정도일 것이다.

감리교와 성공회가 천안으로 흘러들어 온 것은 1900년 이후다. 감리교는 서울, 수원 그리고 충남 공주로 내려갔다 천안으로 북상했고, 성공회는 서울, 수원을 거쳐 천안으로 내려왔다.

감리교의 천안 선교는 1892년 이후 한강 이남 지역에 대한 선교 정책의 일환으로 시작되었다. 1885년 한국에 들어온 감리교

의 초기 선교는 서울에 집중되었다. 그리고 서울 선교가 어느 정도 자리를 잡자 지방 선교로 눈을 돌렸다. 한강 이남을 담당하는 선교사는 당시 감리사였던 스크랜턴이었다. 스크랜턴과 그의 어머니 스크랜턴 부인이 열심히 복음의 씨를 뿌렸는데 곧 작은 싹을 보게 되었다. 경기도 화성시 장지리에 첫 신앙공동체가 형성된 것이다. 감리교는 화성, 용인, 시흥에서 자리를 잡았다.

충청도 선교가 본격화된 것은 1898년 스웨어러 선교사가 수원·공주 구역 책임자로 결정되면서부터다. 당시에 이미 덕산(예산)과 해미(서산)에 감리교 신앙공동체가 형성되어 있었지만, 스웨어러는 그 지역의 관할권을 같은 감리교 선교사인 존스에게 양도했다. 존스는 경기도, 서해안, 황해도를 관할하고 있었는데, 덕산과 해미는 서해안 바닷길을 통해서 간다면 존스에게 더 유리한 선교지였다.

스웨어러는 공주 선교에 전념했다. 1903년 스웨어러의 요청으로 공주에 선교부가 개설되었다. 감리교는 공주를 중심으로 청주, 홍주, 천안, 충주 지역으로 선교 지역을 확대했다. 천안에 복음이 들어온 것은 이 무렵이다.

천안에 교회가 세워진 것은 1915년경이다. 공주에서 목회하던 안창호 목사는 '1천 호가 넘는 천안에 교인 가정 하나 없는 것을 안타깝게 여기고' 천안읍으로 이주해 셋방을 얻고 집집마다 다니며 전도했다. 3개월 후 교인 50여 명과 교회를 시작했다. 현재 천안에는 159개 감리교회가 있다.

공주、제일、교회

금강이 토해 낸 교회

공주는 역사의 도시다. 475년 고구려의 공격으로 수도 위례성이 함락당하자 백제는 웅진(지금의 공주)으로 수도를 옮겨 왔다. 성왕이 사비(지금의 부여)로 천도할 때까지 공주는 63년간 백제의 수도였고, 조선 선조 14년(1581)에는 충청 감영이 충주에서 옮겨 오면서 충청의 중심 지역으로 발전했다. 공주를 흐르는 금강은 백제 때부터 주변국과의 무역 통로로, 물길은 공주와 인근 도시를 생활권으로 연결해 주었다.

경부선, 호남선, 장항선이 개통되고 기차가 주요 교통수단이 되면서 금강의 돛단배는 활기를 잃었다. "공주 땅 백 리 안에 쇠마차가 지나가게 할 수는 없다"는 공주 양반들의 반대로 수원-공주로 이어질 계획이던 경부선이 수원-천안-대전으로 방향을 틀었기 때문이다. 충청의 무게중심도 점차 대전으로 옮겨 갔다. 당시 공주 사람들이 지역 발전을 위한 혜안이 부족했을지는 몰라도, 일제의 수탈에 이용되지는 않았다. 경부선은 일본이 러시아를 제치고 조선을 강제 합병하는 데 일등공신이었다. 하지만 뱃길, 철길의 시대를 거쳐 찻길이 부상하면서 공주의 지리적 위상이 다시금 높아지고 있다.

선교 지도상에서도 공주는 주요 지역이었다. 공주제일교회는 북감리교의 공주 선교부와 함께 시작됐다. 1903년 7월, 의료 선교사 맥길William B. McGill은 공주에 내려와 하리동(지금의 중학동)에 초가집 두 채를 마련해 진료실과 예배실로 사용했다. 이렇게 시작된 공주 선교부와 공주제일교회에 1년 만에 20여 명의 교인이 모였고, 그중 여덟 명이 맥길 선교사에게 세례를 받았다. 이듬해 샤프 선교사 부부Robert Arthur Sharp, Alice H. Sharp가 충청 지역 책임자로 내려오면서 선교는 더욱 활기를 띠었다. 확보된 2천여 명의 잠재적 신자 가운데, 공주에만 150명이 있었다. 샤프 부인은 여학생들을 모아 한글을 가르쳤는데, 이를 명선여학교라 불렀다.

1905년 샤프는 하리동 언덕에 지하 1층, 지상 2층짜리 벽돌 건물을 지었다. 완공되던 날, 사람들이 구경하러 몰려와서 한마디씩 했다.

"목사 당신은 천당에 갈 필요가 없겠소. 이렇게 깨끗하고 좋은 집에서 사니 천당인들 이보다 낫겠소?"

하지만 샤프는 오래 살지 못했다. 이듬해 사경회를 인도하러 논산 은진에 갔다가 이질에 걸리고 말았다. 눈을 피해 상여집에 들어갔다 이질에 걸려 죽은 사람의 시체를 실었던 상여를 만진 것이 화근이었다. 맥길은 미국에 갔다 돌아오지 않았고, 남편을 잃은 샤프 부인은 미국으로 돌아갔다. 선교사들이 사라지자 교회 운영도 어려워졌다.

다행히도 윌리엄즈 부부가 1906년에 내려오고, 스웨어러, 케이블, 테일러 선교사도 이듬해 공주에 합류했다. 1908년 샤프 부인도 돌아와 힘을 보탰고, 아멘트와 의료 선교사 반 버스커크가 참여한 것도 큰 힘이 되었다. 그러면서 교회가 성장하기 시작했다. 1907년 4월 일주일간 열린 부흥회가 신호탄이었다. 윌리엄즈와 안창호, 김상배 전도사가 인도했는데, 처음에는 분위기가 냉랭했고 교인 사이 분쟁도 있었다. 인도자들은 안타까움에 통곡하며 답답한 심정으로 하루이틀을 보냈다. 그런데 3일째 되는 날부터 자복하고 회개하는 영이 임했다. 미워하고 시기하며 간음하고 도적질했던 죄를 고백하고 슬피 울었다. 목사를 속인 죄, 전도사를 미워한 죄도 고백했다. 얼마나 울며 회개했는지 주변 사람들은 교회에 초상이 난 줄 알았다고 한다. 일주일 만에 평양 남산현교회 고종철과 강신화가 내려와 다시 부흥회가 열렸고, 은혜가 날마다 쌓였다.

이는 교회 건축으로 이어졌다. 부흥회가 끝나고 보니 교인이 늘어났다. 큰 예배당이 필요했고, 건축비 마련을 위해 합심하여 기도했다. 비 내리던 어느 날, 기적이 걸어 들어왔다. "一日 天雨에 有人이 衣裳이 儉薄하고 挾傘 來 叩門屛"(어느 날 비가 오는데 옷을 검소하게 입은 사람이 우산을 끼고 와서 문을 두들겼다)라는 《공주교회연혁》(1930)의 기록에서 보듯, 1909년 우산을 끼고 찾아온 이가 드린 헌금으로 ㄱ자형 예배당을 건축했고, 그 예배당을 '협산자挾傘者 예배당'이라 불렀다.

새 예배당으로 사람들이 더욱 몰려들었다. 그중에는 예수를 따르겠다고 절에서 나온 승려들도 있었다. 자신이 106세라고 주장한 박아지라는 노인은 "동양의 모든 위대한 종교 의식과 제례에서 하나님을 찾으려고 일생 동안 애를 쓰다가 마침내 하나님을 찾았습니다"라고 고백하며 나아왔다.

지금 공주제일교회는 제민천(濟民川) 변에 있다. 하리동 초가집과 협산자 예배당에 이어 세 번째 예배당 자리다. 1930년 11월 봉헌한 성전은 고딕 양식의 붉은 벽돌 예배당이었다. 본래 왼쪽 모서리에 3층 높이의 종탑을 세웠고, 중앙에 장미창과 격자창이 있었는데 여러 번 고쳐 지으면서 모습이 많이 달라졌다. 게다가 전쟁 때 공산군이 교회를 보급창고로 사용하는 바람에 미군의 조준 폭격을 받아 건물 대부분이 부서지고 말았다. 남은 것이라고는 벽체 일부와 굴뚝이 전부였다.

1956년 건물을 재건했다. 온 교인이 아침 일찍 금강으로 모여 예배를 드리고, 여자는 모래를 퍼서 머리에 이고 남자는 지게에 자갈을 담아 실어 날랐다. 강에서 교회까지 1.5킬로미터 길을 묵묵히 오간 덕에 교회는 조금씩 뼈대가 서고 살이 붙었다. 교회는 금강이 토해 낸 돌과 모래로 세워졌다. 재건하면서 예배당 모습이 새로워졌다. 예배당을 넓혔고 출입구 방향도 바뀌었다. 종탑도 중앙으로 옮겨졌다. 1979년 증축공사를 하면서 예배당을 좀 더 넓혔다. 초기 70평 건물은 두 차례의 증개축을 거치면서 130평 규모의 건물이 되었다.

2011년 공주제일교회 예배당은 옛 흔적을 잘 보존한 점을 문화재청에 인정받아 등록문화재 제472호로 지정되었다. 정면에서 바라본 문화재 예배당은 작은 성처럼 보인다. 종탑은 성벽 위에 자리한 망루 같고, 건물 양쪽으로 붉은 벽돌 벽이 방패처럼 붙어 있다. 건물 왼편 지붕에는 굴뚝이 솟아 있다.

안으로 들어서면 입구에서 제단까지 꽤 길게 이어져 있다. 제단 뒤 세 개의 아치형 스테인드글라스는 1979년 증축 때 설치한 것으로 우리나라 스테인드글라스 개척자인 이남규 교수의 초기 작품이다. 제단 왼쪽부터 오른쪽으로 성부, 성자, 성령을 상징한다.

공주제일교회 건너편에 영명고등학교가 있다. 샤프 부인이 시작한 명선여학교와 윌리엄즈가 시작한 중흥학교가 뿌리인 학교다. 학교 백주년 기념탑 앞에 유관순 열사의 동상이 서 있다. 이화학당으로 올라가기 전 유관순은 이곳에서 샤프 부인의 도움으로 3년을 공부했다. 운동장에서 산을 향해 올라가면 샤프와 선교사 2세들의 무덤이 있다. 윌리엄즈의 두 아들 올리브와 조지, 테일러의 딸과 아멘트의 아들이 잠든 곳을 지나 근처에 선교사 사택이 남아 있다. 아멘트 선교사가 살던 집이다. 교회 안팎으로 세월의 흔적이 진하게 배어 있다.

강경북옥교회

문이 닫혀 있는 교회

강경 하면 젓갈이 떠오를 것이다. 강경젓갈축제가 열릴 때면 전국에서 사람들이 몰려들지만, 보통은 한가롭고 조용한 어촌 마을이다. 하지만 강경은 살아 있는 근대 생활사 박물관이라 불릴 만큼 근대 문화유산이 잘 보존된 곳인지라 일제 강점기 지역 경제, 건축사를 연구하는 이들의 발길은 끊이지 않는다.

기독교 유적지도 풍성하다. 북옥감리교회 예배당, 강경제일교회, 강경성결교회, 병촌성결교회와 최초 신사참배 거부 선도비, 최초의 침례교회 예배터, 이종덕 순교비, 순교자기념탑 등이 있다.

남서쪽으로 익산시, 북서쪽으로 부여군과 맞닿아 있는 강경은 금강 줄기를 따라 경기 일부 지역과 전라도, 서해안으로 연결되는 해운 중심지였다. 물길을 따라 논산평야와 호남평야에서 생산된 각종 농산물과 서해의 해산물이 강경에 집결됐다. 군산항의 개항으로 군산과 강경 간 수로를 통해 물자의 수송뿐 아니라 사람들의 교류도 활발했다. 선교사들은 이따금씩 밀려오는 파도처럼 강경포를 찾아왔다. 그들이 전한 복음은 강가에 쌓이고 쌓여 신앙공동체를 만들어 냈다.

처음 강경에 복음이 들어온 것은 1896년경 침례교를 통해서다. 엘라딩선교회의 폴링 E.C. Pauling과 스테드만 D.W. Steadman은 뱃길을 이용해 연안 마을에 복음을 전했고, 뒤에 들어온 펜윅은 침례교 예배당을 중심으로 활동했다.

강경제일교회는 1901년을 설립 연도로 기념하고 있는데, 이는 선교사와 전도자의 방문을 기준으로 한다. 1994년 발간된 《논산군지》는 "1901년 4월 5일 사우어(스웨어러의 오기) 목사가 황산나루터에 정박하여 투숙한 후 선교의 필요성을 느끼고 공주에서 말을 타고 왕래하면서 전도함으로써 강경제일감리교회가 설립되었다"고 기록하고 있다. 스웨어러와 샤프가 금강 유역의 선교지를 방문하는 과정에서 강경에 복음의 씨앗이 떨어졌을 가능성이 높다.

북옥교회는 옥녀봉으로 올라가는 길목 오른편에 있다. 주변에 다닥다닥 붙어 있는 주택이 많지만, 어렵지 않게 교회를 찾을 수 있다. 붉은 벽돌 벽에 '기독교대한감리회 강경북옥교회' 간판이 선명한데, 이 한옥 예배당은 몇 해 전 성결교회 재산이 되었다고 한다. 따지고 보면 본래 이름을 찾은 셈이다. 성결교회로 시작된 예배당이 감리교 예배당이 되었던 것이다.

1918년 12월, 서울 경성성서학원(지금의 서울신학대학교)을 갓 졸업한 정달성 전도사가 내려와 옥녀봉 올라가는 좁은 골목 안에 두 칸짜리 초가집을 마련하고 교회를 개척했다. 여학생 하나가 첫 예배에 참석했다고 한다. 밖으로 나가 전도의 그물을 던졌지만 돌아오는 것은 "염치도 없지. 그런 곳으로 누구더러 오라 하시오?" 하는 야유였다. 교인 없는 개척교회, 혹독한 첫 목회지였다. 더구나 석 달 후 3·1운동이 일어났다. 3월 21일 강경 장날 천여 명이 참여한 대규모 시위가 있었다. 시위의 중심지는 옥녀봉이었다. 만세 시위는 계속되었는데, 그때마다 옥녀봉으로 올라가는 사람들과 그들을 잡으러 다니는 일본 경찰들 때문에 교회 주변은 언제나 시끄러웠다.

그런데 전혀 예상하지 못한 일이 일어났다. 성결교단 전신인 동양선교회 토마스 John Thomas 감독이 일본 경찰에 구타를 당한 것이다. 영국 출신으로 1910년 내한해 경성성서학원 원장과 감독을 겸하던 그가 강경성결교회 형편을 살피러 내려왔는데, 만세 시위를 지원하러 온 줄로 오해받은 것이다. 이 사건은 영국과 일본의 외교 문제로 확대됐다. 총독부는 사과하고 배상금을 지불했다. 1923년 토마스 감독의 매 값으로 교회 건축을 시작했고, 다음 해 9월 봉헌 예배를 드렸다. 전화위복으로 예배당이 건축되고부터 교회가 성장하기 시작했다. '토마스 감독이 일본 경찰에게 매를 맞았다'는 소식이 알려지면서 지역 주민들이 교회를 바라보는 시선도 따뜻해졌다.

교회에 활기를 불어넣은 이는 백신영 전도사였다. 그는 3·1운동 직후 상해임시정부 후원 및 군자금 모금을 위해 대한애국부인회를 결성한 애국지사로, 1919년 11월 일본 경찰에 체포되어 혹독한 고문을 받고 실형을 살다 풀려난 '자랑스러운 전과자'였다. 강경성결교회에 부임해 주일학교를 맡아 학생들이 성경 읽기와 전도, 기도에 힘쓰도록 지도했다. 토요일이면 모여 합심 기도를 하고 팀을 이루어 근처 마을을 돌며 전도했다. 이렇게 교육받은 학생들이 신사참배를 거부한 것은 당연한 일이었다. 강경공립보통학교 학생 57명은 단호히 신사참배를 거부했다.

충남 강경교회 신자인 강경공립보통학교 여훈도, 김복희 양과 그 교회 주일학교 학생인 강경공립보통학교 남녀 학생 57인은 지난 10월 11일 강경신사 제일을 당하여 일반 교사와 학생들은 다 경배를 하되 자기들은 헛 신에게 절하는 것이 무리한 미신이며 또한 하나님 앞에 죄 됨을 깨닫고 신앙의 주를 굳게 지키어 절하지 아니하였더니 그 학교에서는 일대 문제가 되어 절하지 아니한 교사와 학생을 낱낱이 취조하며 만일 잘못 되었다고 항복치 아니하면 교사는 면직하고 학생들은 출학을 시키겠다고 위협을 하되 불복하였으므로……

_《활천》 1924년 12월호에서

교인들은 옥녀봉 정상에 세워진 참람한 우상을 뽑아 버리지는 못했지만 그 앞에 무릎 꿇지 않은 7천 명에 속했다. 백신영 전도사는 교육을 통해 신사참배의 부당성을 말씀과 신앙에 근거해 의식화했다. 면직과 퇴학을 두려워하지 않은 그들의 신앙은 하나님 절대주권사상이었고, 성결과 재림 그리고 민족 사랑이었다. 일제 말 신사참배를 거부하다 순교한 목회자와 평신도가 50명이고, 감옥에서 고초를 겪은 이가 2천 명에 이른다. 이들 역시 히브리서 11장에 기록된 사람들처럼 '세상이 감당하지 못할' 믿음의 사람들이다. 교회 마당에 '신사참배 거부 선도 기념비'가 있다. 한국 교회사 최초의 신사참배 거부운동으로 기록된 이 사건을 기념해 교단에서 세운 것이다.

일본의 강압적인 역사 교육을 거부하다 일본인 교장에게 불려 간 윤판석 어린이가 컵을 들어 교장의 이마를 내리치고 자퇴한 '상애어린이단 사건'도 있었다. 1943년 일본의 국체에 어긋난다는 이유로 교회는 강제 폐쇄당했고, 해방 후 다시 문을 열었다.

사연 많은 북옥교회 예배당은 2002년 9월 문화재청으로부터 등록문화재 제42호로 지정받았다. 전면 4칸, 측면 4칸 총 16칸의 정사각형 건물이다. 출입문을 좌우에 하나씩 만들어 남녀의 출입을 구분했다. 예배당 안에는 강단을 중심으로 두 개의 큰 기둥이 섰는데, 그 사이를 막아 남녀가 따로 앉아 예배를 드렸다.

겹처마에 팔작지붕을 올린 건물 벽 중앙에 창이 있다. 창문 아래는 붉은 벽돌, 위는 흰 회벽이다. 바닥은 마루를 깔았고, 강단은 북쪽에 있다. 천장은 들보와 종보 서까래가 훤히 드러난 연등천장 구조로, 아홉 개의 소나무 들보와 열다섯 개의 종보가 복잡하게 연결돼 있다.

성결교에 속했던 북옥교회가 감리교가 된 것은 1953년이다. 교인이 늘면서 일제 강점기에 은행으로 쓰이던 홍교리 건물을 사서 교회를 옮겼다. 북옥리 한옥 예배당은 여러 단계를 거쳐 윤반구 목사의 소유가 되었다가 김완균 전도사에게 넘어가면서 감리교회가 되었다. 북옥교회가 감리교회에 정식으로 가입한 것은 1956년 연회부터다. 그러다 몇 년 전 감리교회가 동흥동으로 옮겨 가면서 한옥 예배당을 강경성결교회에 되팔았다. 예배당은 원래 자리를 찾았지만 당장은 할 일이 없어 보인다. 집이 빽빽하게 들어선 분주한 동네 속에 자리한 예배당은 고요히 자리를 지키고 있다.

강경 기독교 유적지는 북옥교회를 중심으로 둘러보면 좋다. 옥녀봉으로 올라가면 강경중앙교회 속장으로 한국전쟁 때 총살당한 안순득 여사 추모비와 3·1만세운동을 기념하는 강경항일독립만세운동기념비가 있다. 그리고 침례교 최초의 예배지(북옥리 136)와 강경제일교회 역사관, '신사참배 거부 선도 기념비'가 있는 강경성결교회 등을 걸어서 방문할 수 있다.

전라지역

두동교회
금산교회
목포양동교회
목포중앙교회

두 동, 교 회

공평한 ㄱ자 예배당

전북 익산시 성당면에 ㄱ자 예배당을 보존하고 있는 두동교회가 있다. 1923년 박재신의 사랑채에서 시작한 두동교회는 남장로교에 속한다. 흑인 노예 문제로 미국에 남북전쟁이 일어났을 때, 미국 장로교회도 남북으로 분열되었다. 자연히 한국에도 북장로교와 남장로교가 나뉘어 들어왔다. 북장로교는 1885년 언더우드^{Horace Grant Underwood} 목사를 기점으로 한국 선교를 시작했고, 남장로교는 1892년 테이트^{L. B. Tate}, 레이놀즈^{William Davis Reynolds}, 전킨^{W. M. Junkin} 등 7인의 선발대가 내한하면서 들어왔다.

교단은 달라도 선교사들은 서로 협력 관계를 유지했다. 1893년 한국 남·북장로교공의회를 조직하고, 남장로교의 선교지를 충청남도와 전라도로 결정했다. 1907년 남·북장로교와 호주장로교, 캐나다장로교가 모여 한국 최초의 교단인 독노회^{獨老會}를 조직하면서 한국 장로교는 통합되었다.

익산 두동교회는 군산 선교부 해리슨$^{W. B. Harrison}$ 선교사를 통해 시작되었다. 1896년 한국에 들어온 해리슨은 서울, 군산, 전주, 목포 등을 순회하다 1915년부터 군산에 머물며 선교했다. 그때 김정복과 익산 두동에 와서 복음을 전한 것이다. 《조선예수교장로회사기》에 두동교회 설립 기사가 실려 있다.

> [1923년] 익산군 성당면 두동리교회가 설립되다. 선시(先時)에 선교사 하위렴(해리슨)과 조사 김정복이 전도함으로 부인들이 믿고 부곡리교회에 래왕(來往)하더니 안신애의 열심 전도로 신자가 점진(漸進)하매 박재신이 자기 가옥 중 부속을 차여(借與, 빌려 주어) 회집 예배하니라.

해리슨과 김정복, 안신애 전도부인이 두동교회로 와서 전도했고, 박재신의 어머니 황한라, 아내 한재순, 고모 박씨 부인 등 박씨 집안 여인들도 복음을 받아들였다. 박재신의 고모 박씨 부인은 월남 이상재의 막내며느리다. 이상재 선생의 아들 내외가 두동에 살게 된 것은 1919년으로 거슬러 올라간다. 3·1운동 후 이상재의 가족은 일제의 핍박으로 뿔뿔이 흩어졌는데, 막내아들 이승준이 두동으로 들어와 살다가 박재신의 고모와 결혼하게 된 것이다.

박씨 집안 여인들의 신앙생활이 처음부터 평탄했던 것은 아니다. 박재신을 비롯해 집안 남자들이 반대했지만, "교회에 다녀야 집안이 복을 받고 자식도 얻을 수 있다"고 설득해 겨우 허락을 받았다. 그런데 기적이 일어났다. 박재신의 부인이 임신한 것이다. 박재신은 "밤중에 부인들이 먼 길을 다니면 위험하다"며 자기 집 사랑채를 내놓았다. 1923년 5월 18일 두동교회는 박씨네 사랑채에서 시작됐다.

아들이 태어나자 이름을 '요한'이라 했다. 박재신이 적극적으로 나서고 그의 땅을 부쳐 먹고살던 소작농들이 참여하자 교인이 80여 명으로 늘면서 더 큰 예배처가 필요했다. 이번에는 박재신이 곳간으로 쓰던 ㄱ자형 고패집(一자로 된 집에 부엌이나 외양간을 직각으로 이어 붙인 집)으로 옮겼다. 그리고 교회 안에 배영학교(성영학교 전신)를 세웠다.

1929년 교회에 영적 위기가 몰려왔다. 박재신의 아들 요한이 갑작스럽게 죽은 것이다. 실망한 박재신은 "하나님이 살아 계시다면 어찌 이런 일이 있겠냐"며 교회를 부정하고 부인도 교회에 못 나가게 했다. 엎친 데 덮친 격으로 이상재의 며느리인 고모가 세상을 떠났는데, 출상하는 문제로 구연직 전도사와 갈등을 빚었다. 하필 출상일이 주일이었는데, 박재신은 그냥 출상하자 하고, 전도사는 하지 말자고 맞선 것이다. 그 일로 박재신은 집에서 교회를 내쫓아 버렸다. 교인도 줄었다. 모두 땅 주인인 박재신의 눈치를 보았기 때문이다. 그런 와중에도 20여 명이 끝까지 남아 신앙을 지켰다.

새로운 예배처가 필요했다. 남은 교인들은 모여서 기도할 수밖에 없었다. 다행히도 교인 가운데 이종규가 예배당 터로 채마밭 백여 평을 바쳤고, 군산 앞바다가 소나무를 내놓았다. 여름에 큰 물난리가 나서 안면도에서 소나무를 싣고 오던 배가 군산 앞바다에서 침몰해 소나무가 근처 성당포로 실려 온 것이다. 그 나무들을 헐값에 사서 예배당을 건축했다. 학교도 다시 시작했다. 모든 것이 협력하여 좋게 되었다. 이렇게 건축한 ㄱ자 예배당은 2002년 4월 전라북도 지정 문화재자료 제179호로 지정됐다.

ㄱ자 예배당은 홑처마에 우진각 형태의 양철지붕을 올렸다. ㄱ자로 꺾인 모서리 안쪽 마당에 서 있는 조선 소나무는 예배당을

강단은 남녀석 중간을 향하도록 해서
남녀 신도는 서로 볼 수 없더라도
설교자는 양쪽을 다 볼 수 있도록 했다.
남녀를 평등하게 대하는 마음이 건축물에 드러난다.

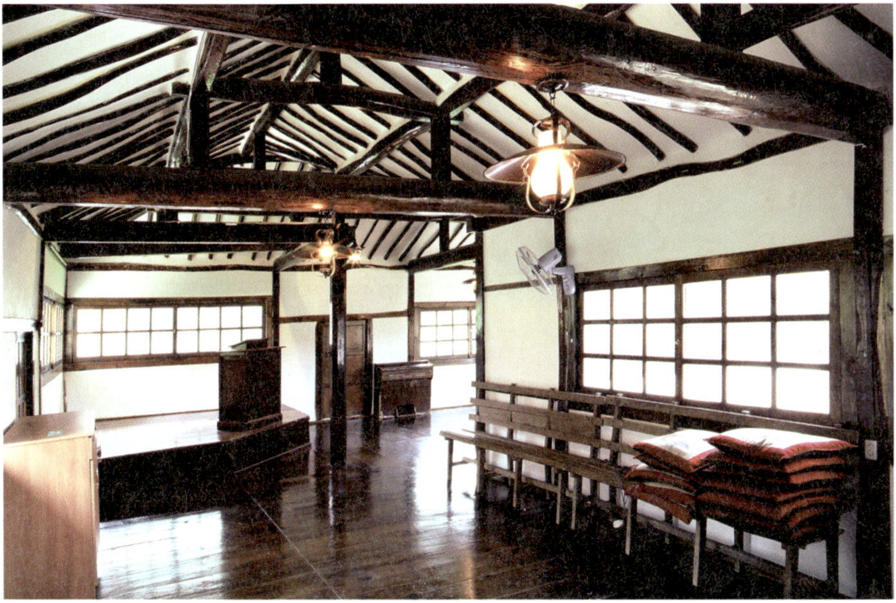
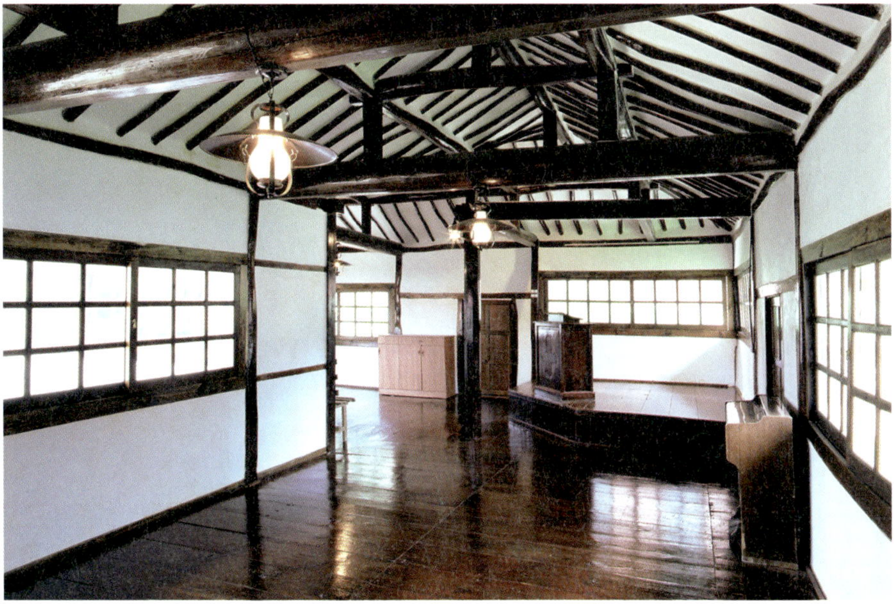

지을 때 뒷산에서 옮겨다 심었다는데 가지와 잎이 무성해 교회를 덮고 있다. 전형적인 납도리(기둥과 기둥 위에 건너 얹혀 있는 나무로, 그 위에 서까래를 놓는다) 5량식 가구로 서까래와 들보가 그대로 드러난 연등천장이다. 천장 상량문에는 별다른 내용 없이 상량 날짜만 적혀 있다.

같은 ㄱ자 예배당이지만 두동교회와 금산교회는 약간 차이가 있다. 금산교회는 남북으로 다섯 칸(남자석), 북쪽 모서리 동쪽으로 두 칸(여자석)을 이어 붙여 남자석이 훨씬 길다. 두동교회는 동서 방향으로 네 칸(남자석), 남북 방향으로 세 칸(여자석)을 이어 붙였지만, 네 평짜리 강단을 빼고 나면 남녀석은 각 열 평으로 같다. 또 금산교회는 남녀 출입문 외에 강당 뒤쪽 설교자 출입문이 하나뿐이지만, 두동교회는 남녀 출입문 외에도 남녀 인도자용 출입문이 하나씩 더 있다. 여자 인도자 문은 전도부인을 배려한 것이다.

금산교회 강단은 남자석을 향하고 있어 휘장을 쳤을 때 남녀가 서로 볼 수 없는 것은 물론 설교자조차 여성도들을 볼 수 없다. 반면 두동교회 강단은 남녀석 중간을 향하도록 해서 강단 앞 팔각기둥과 건물 안쪽 모서리에 휘장을 쳐 남녀 신도는 서로 볼 수 없더라도 설교자는 양쪽을 다 볼 수 있도록 했다. 남녀를 평등하게 대하는 마음이 건축물에 그대로 드러난다.

하지만 금산교회와 두동교회를 단순 비교하는 것은 무리다. 두 교회 건축 시기에 21년의 차이가 있기 때문이다. 1908년은 남녀가 엄격하게 구별되던 시절이었고, 1929년은 휘장을 철거하는 시대였다. 전북 문화재 전문가들은 "남녀유별의 유교 전통이 무너져 가는 1920년대에 ㄱ자형 건물을 통해 남녀칠세부동석, 남녀유별의 전통을 보여 주며 남녀 모두에게 신앙을 전파하려 했던 독창성이 돋보인다"고 평한다.

익산역 근처에 나바위성당(화산천주교회)이 있다. 한국 최초의 신부 김대건을 기념하는 예배당이다. 제단 오른편에 김대건 신부의 목뼈 일부를 보관하고 있다고 한다. 나바위는 납작한 바위가 많다고 납바위로 불리다가 붙여진 이름이다. 본래 1907년 전통 한옥 양식으로 지어진 예배당은 1917년 개축하면서 모습이 조금 바뀌었다. 예배당 밖에 있는 툇마루를 회랑으로 바꾸고, 정문에 고딕식 종탑을 설치하면서 동서양 혼합형이 되었다.

금산교회

허리가 구부러졌어도
곱게 나이 든 교회

"이 결정은 하나님이 내리신 것입니다. 나는 교회의 결정에 순종하고 이자익 장로를 받들어 열심히 교회를 섬기겠습니다."

조덕삼은 자신보다 아홉 살 어린 데다 자기 집 마부로 일하는 이자익을 장로로 인정했고, 훗날 이자익 장로가 평양신학교로 유학 가는 것을 돕기도 했다. 이날 장로가 된 이자익은 조선예수교장로회 총회장을 세 번 역임했는데, 이는 장로교 역사상 전무후무한 일이다. 기억력이 좋아 한 번 들은 것은 잊지 않았고 장로교 헌법과 규칙을 줄줄 외우고 다녀 법통法通 총회장으로 불렸다는 이자익 목사가 신앙생활을 했던 금산교회는 노령산맥 중봉中峰에 해당하는 모악산국립공원 내 금산사 입구에 있다.

조덕삼은 아버지 대부터 금산에 살았다. 금산을 근거로 정읍, 김제, 태인, 전주를 오가며 비단 장사를 해서 큰돈을 벌었다. 한편 이자익은 경상남도 남해군 이동면 탑정리에서 태어났다. 어린 나이에 부모를 잃고 고아가 된 이자익은 친척집에 살면서 매일 일만 했다. 열두 살 때 집을 나온 이자익은 무작정 금산을 향해 걸어갔다. 금산은 평야가 넓고 농사짓는 집이 많아 머슴살이라도 할 수 있었기 때문이다. 이자익은 하동, 순천, 전주를 지나 금산 입구 삼거리에서 잠시 멈춰 섰다. 어느 쪽으로 갈 것인지 결정해야 했다. 그는 오른편을 선택했다. 그리고 10분 후 조덕삼을 만났다. 왼쪽으로 가면 금산사가 있었다. 금산사로 갔다면 중이 되었을까? 성령의 도우심으로 이자익은 마방(마구간이 딸린 주막집)을 하는 조덕삼을 만나 그 집 마부가 되었다.

얼마 후 테이트 목사가 찾아왔다. 그는 1892년 남장로회 개척 선교 단원으로 내한해 이듬해 전주 선교를 개척한 선교사였다. 1901년부터는 말을 타고 익산, 금구, 김제, 정읍, 태인, 고부, 부안, 임실, 남원 등지를 순회하며 선교했다. 테이트는 온갖 우상이 우글대고 있는 금산 선교를 계획하고 있었다. 바울이 온 아덴 성에 우상이 가득한 것을 보고 마음에 분노를 품은 것처럼 그에게도 거룩한 분노가 일었다. 테이트는 전도를 위해 전주와 정읍을 왕래하다가 중간 지점인 금산에서 머물게 됐다. 마침 조덕삼의 마방에서 하루를 보내게 된 테이트에게 조덕삼이 먼저 찾아갔다. 그날 밤 조덕삼은 니고데모가 된 것일까?

"선교사님, 당신을 오랫동안 지켜봐 왔는데 왠지 당신에게 관심이 갑니다. 당신이 믿는다는 예수교에 대해서도 관심이 많습니다. 저와 이야기를 나눌 수 있겠습니까?"

테이트가 기뻐하며 말했다.

"우리가 이렇게 만나게 된 것은 하나님이 당신을 특별히 사랑하시기 때문입니다. 나는 이곳을 지나다니면서 이 금산리 삼거리에 무슨 일이 있어도 교회를 세우게 해달라고 하나님께 무수히 기도했습니다."

그날 밤 조덕삼은 물과 성령으로 거듭났다.

"선교사님의 말을 듣고 또 예수님에 대한 얘기를 듣고 이제 이렇게 제 마음이 후련해졌습니다. 그동안 저는 인생에 대해 몹시 궁금하고 마음이 답답했던 처지였는데 제 마음을 열어 주셨습니다. 앞으로 저희 집 사랑채에서 예배를 드리도록 하십시오."

이렇게 해서 1905년 봄부터 예배를 드리기 시작해, 그해 10

월 테이트 목사의 집례로 조덕삼, 이자익, 박희서 세 사람이 세례를 받았다. 그 후 금산교회는 놀라운 속도로 성장했다. 늘어나는 교인을 다 수용하기에는 기존의 사랑채는 너무 좁았다. 1908년 지금의 한옥 예배당을 건축했다. 모악산 너머 배재에 있던 전주 이씨 집안의 재실^{齋室}(무덤 혹은 사당 옆에 제사 지내려고 지은 집)을 옮겨다 지었다는 건물 구조는 조선시대 중부 지방의 단층 고패집 형태인데, 남북으로 다섯 칸 집을 앉히고 북쪽 모서리에 동쪽으로 두 칸 집을 이어붙인 ㄱ자형이다. 자연석을 다듬어 초석을 놓고 그 위에 사각 기둥을 세웠다. 하인방 아래 환기 구멍을 냈고 중인방과 상인방 사이에 세살창(창살을 아주 가늘게 다듬어 만든 창)을 해 달았다. 지붕은 홑처마에 우진각지붕 형태인데 처음엔 초가로 했다가 해방 후 지금의 시멘트 기와로 바꾸었다고 한다. 남쪽과 북쪽의 출입문은 여닫이 격자무늬 종이 문이다.

예배당 마루는 한국 전통의 우물마루가 아니라 일렬로 길게 뻗히는 쪽마루(우물마루는 짧은 널빤지를 가로로, 긴 널빤지는 세로로 놓아서 짠 마루이고, 쪽마루는 한두 조각의 통 널빤지를 가로로 대어 만든 마루다)로 깔려 있고 위는 천장 가구가 그대로 드러난 연등천장이다. 천장 가구는 납도리 5량식이고 지붕 용마루를 받치고 있는 마루도리와 중도리를 겹으로 올린 형태다. 예배당 안은 기둥 하나 없는 통간 건물인데 육중한 지붕 무게를 지탱하기 위해 우람한 소나무 재목으로 대들보를 했다. 이 소나무는 교인들이 모악산에 올라가서 베어 왔다고 한다. 예배당은 모든 재목을 깎아서 맞추는 이음새 맞춤법을 사용했고 철로 된 못은 어느 한 곳에도 사용하지 않았다고 한다. 예배당의 골격을 거의 다 갖추고 지붕에 흙을 올릴 때, 전 교인들이 목욕재계하고 흰옷을 입고 한 줄로 서서 찬송가를 부르며 운반했다고 한다.

다섯 평짜리 강단은 북서쪽 모서리에 있는데 2단으로 꾸몄다. 그러나 목사가 밟고 서는 발판을 포함하면 3층 구조가 된다. 이는 한국 전래의 제단 구조이면서 동시에 뜰-성소-지성소로 이어지는 성막의 3중 구조이기도 하다. 강단 뒤쪽에 목사님들이 강단에 들어설 때 사용했던 작은 문이 있다. 강단 오른쪽에 있는 기둥은 휘장을 칠 때 사용하던 것이다. 휘장은 두 번을 친다. 남자와 여자 성도 그리고 목사와 여자 성도 사이에 친다. 강단의 목사도 여자석을 볼 수 없게 했다. 휘장은 단계적으로 철거되었다. 목사와 여자 성도 사이에 있는 휘장은 30년대 초에, 남자와 여자 성도 사이에 있는 휘장은 40년대 초에 철거되었다.

남녀의 엄격한 구별은 들어가는 문과 좌석에만 한정된 것이 아니라 남녀석 상량문에서도 차이가 있다. 남자석 상량문엔 한문으로 고린도후서 5장 1-6절을 기록했다. 5장 1절을 한글 성경으로 번역하면 "만일 땅에 있는 우리의 장막집이 무너지면 하나님께서 지으신 집 곧 손으로 지은 것이 아니요 하늘에 있는 영원한 집이 우리에게 있는 줄을 아나니"로 '영원한 하늘 집'을 소망하는 내세지향적인 내용이다. 여자석의 상량문은 고린도전서 3장 16-17절인데 순 한글로 되어 있다. "너희가 하나님의 성전된 것과 하나님의 성신이 너희 안에 거하심을 알지 못하느뇨 누구든지 하나님의 성전을 더럽게 하면 하늘이 그 사람을 멸하실지라." 이 구절 끝에 "주여 당신 오실 때까지 늘 거룩하게 하옵소서. 아멘"이라는 기도문을 덧붙여 놓았다. 이 또한 주의 재림을 기다리는 내세지향적인 간구다. 금산교회 교인들에게 성전은 영원한 하늘 집이고 다시 오실 예수를 기다리는 '거룩한 공간'이었다.

성전을 건축한 이듬해인 1909년, 교회에 시험거리가 생겼다. 장로 선출 문제로 교회가 시끄러웠던 것이다. 조덕삼과 이자익이 후보였다. 선거 결과 이자익이 장로로 선출되었다. 교회가 갈라질 수도 있는 위기였다. 그러나 조덕삼은 승복했다. 그리고 자기 집 마

육중한 지붕 무게를 지탱하기 위해
우람한 소나무 재목으로 대들보를 했다.
교인들이 모악산에 올라가 베어 왔다는
소나무의 향이 아직도 은은하다.

부였던 이자익을 장로로 섬겼다. 후에 장로가 된 조덕삼은 선배 장로 이자익이 신학 공부 하는 것을 도왔다.

1915년 이자익이 금산교회 담임으로 부임했다. 조덕삼 장로는 변함없이 교회와 이자익 목사를 섬겼다. 이자익은 교단을 섬기는 교단장으로 활동했고 장로교 헌법의 기초를 세운 인물로 기억된다. 하나님 앞에 높은 자, 낮은 자를 구분하지 않는 목사와 장로에게서 그리스도의 향기가 느껴진다. 백 년이 넘어도 사라지지 않는 좋은 냄새다.

언제나 그 자리에서 방문객을 맞는 교회는 ㄱ자로 구부러져 그런지 손주를 맞아 주는 할머니처럼 다정하다. 세상에 영원히 변하지 않는 것은 없는데, 이 땅에서 백 년을 훌쩍 넘긴 교회는 여전히 아름답다. 참 곱게 늙었다. 오래된 강대상과 서양식 옛 의자, 백 년 된 풍금, 나무로 만든 헌금통……. 예배당 안은 각자의 이야기를 간직한 아담한 역사박물관이다. 눈에 넣고 다녀도 좋을 아름다운 금산교회 예배당은 1997년 7월 전라북도 지방문화재 제136호로 지정되었다.

목포, 양동, 교회

전남 선교의 교두보

서해안고속도로가 끝나는 곳, 기차가 더 이상 달릴 수 없는 막다른 곳에 목포가 있다. 백 년 전에는 육로보다 서울이나 인천을 왕래하는 바닷길이 더 번창했을 것이다. 목포라는 지명도 바다에서 육지로 들어가는 길목에 위치한 포구라는 의미에서 유래되었다. 목포 하면 눈물과 한이 서린 고장을 떠올린다. 조선시대 정권 투쟁에서 밀려난 양반님들이 귀양 오던 곳이었고, 전국 각지에서 몰려온 유랑민이 많은 동네였다. 본의 아니게 본토 친척 아비 집을 떠나 목포로 흘러들어 온 한 맺힌 사람들이 목포 주민이었다.

목포 양동은 본래 만복동萬福洞이었다. 만복동 일대는 19세기 말 개항과 함께 프랑스령, 영국령, 러시아령, 일본 영사관과 일본 불교 동본원사^{東本願寺}가 있는 일본령, 정명여학교와 목포양동교회가 있는 미국령으로 나누어졌다. 양동은 미국 사람이 산다고 붙여진 이름이다.

복음도 바닷길을 통해 들어왔다. 남장로교 선교사 레이놀즈와 드루$^{A.\,Damer\,Drew}$가 목포에 도착한 것은 1894년 4월 18일. 목포 선창가에서 전도하다 "서울 남대문에서 언더우드 목사의 설교를 듣고 예수를 영접했다"는 목포 사람을 만났다. 당시 목포 사람들은 뱃길을 통해 인천이나 서울로 왕래할 수 있었기에 가능한 일이었다. 목포에는 선교사들이 들어오기 전에 복음이 들어와 있었던 것이다.

남장로교 선교사들은 목포를 전남 선교의 교두보로 생각했다. 목포가 개항장이 될 것이란 소식을 들은 선교사들은 만복동에 땅 2,500평을 샀다. 중간에 선교부를 나주로 바꾸려는 시도도 있었지만 결국은 목포였다. 1897년 3월 변창연이 내려와 전도를 시작했다. 그해 10월, 목포가 개항장이 되고 외국인의 거주가 허용되면서 1898년 11월 벨$^{Eugene\,Bell}$과 오웬$^{Clement\,C.\,Owen}$ 선교사가 내려와 목포 선교부의 문을 열었다. 목포는 남장로교가 전라도에 세운 전주, 군산에 이어 세 번째 선교부가 되었다. 남장로교는 뒤에 세워진 광주와 순천 선교부까지 다섯 개의 선교부를 통해 전라도에 복음의 생기를 불어넣었다.

당시 양동 127번지는 죽은 자들의 땅이었다. 무덤이 버섯처럼 피어오르고, 죽은 짐승이 나뭇가지에 걸려 있었다. 땅도 척박했다. 물도 없고 사방이 돌이었다. 이 땅을 남장로교에서 구입하고 벨의 어학교사 겸 조사였던 변창연이 내려와 전도했는데, 이것이 양동교회의 시작이다. 몇 달 후 개항되었고 선교부가 개설되었다.

이듬해인 1898년 처녀 선교사 스트래퍼[F. E. Straeffer]가 내려왔다. 벨은 변창연이 모아 놓은 교인들과 사역했는데 양동교회 초기 교인 중에는 다른 곳에서 이미 복음을 받아들이고 세례까지 받은 신자도 있었다. 벨은 변창연과 함께 전도를 했다. 그들의 발길은 함평, 장성, 나주, 광주까지 이어졌다. 선교사들이 주축이 되었던 다른 선교부와 다르게, 목포 선교부는 선교사와 한국인 신자들이 협력해 문을 열었다.

의사 오웬은 프렌치 병원을, 스트래퍼는 정명여학교와 영흥남학교를 시작하면서, 반경 5백 미터도 안 되는 공간이 교회와 학교, 병원으로 이어지는 삼각 선교 지대가 되었다. 이러한 삼각 선교는 초기 기독교 복음을 전하는 일반적인 형태였다. 서울 정동의 북감리교는 정동제일교회-배재학당, 이화학당-시병원(남), 하워드병원(여)으로 연결되는 선교 지대가 있었고, 진천 성공회는 진천교회-진명학교-애인병원을 하나로 묶어서 선교를 했다.

선교를 시작한 지 얼마 되지 않아 전도의 싹이 보이기 시작했다. 1899년 일곱 명이 세례를 받았고, 다음 해에는 30명이 세례자로 지원했는데 여섯 명이 합격하여 세례를 받았다. 선교사들이 전한 복음은 값싼 은혜가 아니라 삶의 변화를 요구했다.

김씨 성을 가진 성도가 있었다. 그는 어머니 손의 종양을 고치러 나왔다가 교인이 되었다. 그는 열심히 교회에 나왔고 성경을 공부했지만 원입인이 되지 못했다. 선교사들이 술을 만드는 그의 일을 문제 삼아 직업을 바꿀 것을 요구한 것이다. 김씨는 오랜 고민 끝에 자신의 직업을 던져 버리고 성경을 붙들었다. 그는 성경 시험을 봐서 원입인이 되고 세례도 받았다. 교회는 새로 믿은 이들로 북적거렸다.

그런데 큰 시험거리가 생겼다. 벨의 부인이 갑작스럽게 죽은 것이다. 이 일로 벨은 두 딸과 함께 미국으로 돌아갔고, 오웬마저 과로로 특별휴가를 얻어 미국으로 떠나게 되었다. 다행히도 벨과 오웬이 다시 돌아오고 프레스턴 J. F. Preston이 합류하면서 교회는 위기를 벗어날 수 있었다. 1903년 한옥 예배당을 증축해 2백 명을 수용할 수 있는 석조 예배당을 짓고, 벨의 부인 이름을 따서 '로티 위더스푼 벨 기념예배당'이라 명했다. 이때 건축비의 80퍼센트를 교인들의 헌금으로 충당했다.

교회는 위기 속에 한 단계 더 성장했다. 1904년 광주 선교부가 시작되면서 벨과 오웬, 변창연은 광주로 가고 프레스턴만 남았다. 아직 한국말이 서툴고 경험도 부족한 그를 위해 교인들이 열심히 기도하기 시작했다. 누가 시킨 것도 아닌데 모여서 기도회를 열고 헌신적으로 봉사할 때 교인이 배가되고 성장하는 복이 임했다.

1906년엔 남감리교 선교사 저다인Joseph Lumpkin Gerdine을 불러 부흥회를 했다. 저다인은 성령의 의로움과 절제, 심판, 죄의 씻음과 지옥 형벌을 선포했다. 설교를 들은 사람들이 죄를 고백하고 어린아이처럼 울었다. 교인들의 삶이 기쁨이 되고 찬송이 되었을 때 교회를 바라보는 사람들의 마음이 달라졌다. 한국인 목사로는 처음으로 윤식명 목사가 1909년 부임했다. 이는 호남 최초로 교인들이 목사 생활비를 전담하게 되었음을 의미한다.

교회가 날로 부흥하면서 5백여 명으로 늘어난 성도를 수용할 수 있는 성전이 필요했다. 이때까지 남자 교인들만 예배당에서 예배를 드렸고 여자 교인들은 영흥학교 교실을 빌려 예배드리고 있었다. 새 예배당은 남녀가 한 지붕 아래 모여 함께 예배드리는 공간이어야 했다. 건축비를 마련하기 위해 교인들이 헌금을 작정했다. 여인들은 은가락지와 비녀를 뽑아 바쳤고 어떤 사람은 자기 집을 팔아 건축비를 대겠다고 약속했다. 당장 끼니를 걱정해야 하는 교인들은 유달산으로 올라가 주춧돌과 외벽 석재로 쓸 돌을 날랐다. 1910년 3월부터 1년 동안 성전을 건축했다.

가장 먼저 눈에 들어오는 4층 높이의 종탑은 하늘을 향해 쭉 뻗어 있고 각 층에 테두리를 친 것이 마치 사각 대나무를 보는 것 같다. 예배당 안은 리모델링을 해서 옛 예배당의 특별한 모습이 없다. 밖에서 바라볼 때 훨씬 고풍스럽다. 초기 예배당은 정사각형이었는데 일제 강점기에 강단 뒤쪽으로 20평 정도 늘려 지으면서 장방형이 되었다. 이 예배당은 2004년 12월 등록문화재 제114호로 등재되었다.

교회를 둘러보면 남쪽 출입구에 문이 두 개고 동쪽과 서쪽에 별도의 문이 있다. 남녀 출입을 구별하기 위한 것이다. 남자 교인들이 드나들던 서쪽 출입문 위 반원형 아치 조각돌에는 한자로 "大韓隆熙四年"(대한융희4년, 1910)이라고 새겨져 있다. 특이한 것은

'隆'과 '熙' 사이에 있는 태극문양이다. 이렇게 '불순한' 상징물을 어떻게 일본 경찰이 보지 못했을까? 생각할수록 '하나님의 은혜'다. 여자 교인들이 사용했던 동쪽 문은 한글 궁체로 "쥬강생일천구백십년"이라고 새겨져 있을 뿐이다. 종탑 왼쪽 '선교 107주년 기념비' 뒤에 있는 아치형 창문 위에 十자 모양이 또렷하다.

3·1만세운동 때는 양동교회 담임 이경필 목사를 비롯해 서기현 장로, 양일석 장로와 교인들 그리고 정명여학교와 영흥학교 교사와 학생들이 힘을 모아 준비했다. 예배당 남서쪽에 있는 지하실이 태극기를 만들었던 장소다. 이곳에서 목판에 태극문양을 칼로 새긴 뒤 한지를 대고 솜방망이로 두들기고 물감을 칠해 태극기를 만들었다. 당시 목포에는 등사기가 없었기 때문에 몰래 광주로 내려가 독립선언서를 만들었다.

1919년 3월 21일 정명여학교와 영흥학교 학생 2백 명과 양동교회 교인들이 독립선언서를 뿌리고 태극기를 흔들며 "대한 독립만세"를 외쳤다. 이경필 목사가 시위대를 이끌었고 길 가던 사람들이 시위에 합류했다. 선봉에 섰던 교인들이 희생을 치렀다. 서상봉은 일본군이 휘두른 칼에 맞아 중상을 입고 치료받다가 죽었고, 박상술은 체포되어 고문을 받았는데 그 후유증으로 고생하다 죽었

서쪽 출입문 위 태극문양이 인상적이다.
이렇게 '불순한' 상징물을
어떻게 일본 경찰이 보지 못했을까?
생각할수록 '하나님의 은혜'다.

다. 이날 2백여 명의 학생과 교인이 체포되었다가 백 명은 훈방 조치되었다. 일본 경찰의 관대함 덕분이 아니라 시위대를 가둘 곳이 없어서였다. 이경필 목사를 비롯해 많은 교인이 체포되어 목포 형무소에 수감되었고 고초를 겪다가 풀려났다.

목포양동교회의 민족운동은 언제 터질지 모르는 화산이었다. 20년 후 양동교회 박연세 목사는 목숨까지 내놓고 일본에 저항했다. 1926년 양동교회에 부임한 박연세 목사는 3·1운동 당시 군산 만세운동을 주도하고 2년 6개월 옥고를 치른 민족주의자였다. 그는 주일 설교 시간에 일본이 미국, 영국, 소련과 벌이고 있는 전쟁을 약육강식의 전쟁일 뿐이라고 공격했고, 육으로 천황을 존경할 수는 있어도 영적으로는 예수 그리스도가 제일 존경의 대상이며 예수 그리스도의 재림 시에 천황도 심판을 받는다고 선포했다. 태평양전쟁을 성전聖戰이라 하고 천황은 신이라고 떠받드는 일본이 박연세 목사를 그냥 둘 리 없었다. 1942년 11월 10일 불경죄와 보안법 위반 혐의로 체포된 박 목사는 잔혹한 고문을 받았고 징역 1년을 선고받았다.

일본 경찰은 박 목사가 있는 감옥 마루 아래로 물을 흘려보내 얼게 했는데, 감옥을 냉장고처럼 만들어 얼려 죽이려는 의도였다. 결국은 일본 경찰의 소원대로 되었다. 1944년 2월 15일 푸른 수의를 입고 두 눈을 부릅뜬 채 박연세 목사는 얼어 죽었다. 1977년 박연세 목사는 독립유공자로 선정되었고, 1988년 그의 유해는 대전 국립묘지로 옮겨졌다.

교회 가까운 곳에 정명중학교가 있다. 그곳에 선교사들이 살았던 건물 두 채가 있다. 둘 다 유달산 돌로 만든 2층 건물인데 목포에 남아 있는 유일한 양관洋館이다. 학교에서는 석관 1호, 2호로 불렀다는데, 지금은 백주년기념관과 도서관으로 이름이 바뀌었다.

석관 1호는 1912년 지어진 건물로 린턴Hugh Linton과 스미스 선교사가 살던 곳이다. 린턴은 양동교회 초대 담임자인 벨 선교사의 딸로 1899년 목포에서 태어났다. 그의 모친이 죽은 후 미국으로 들어가 살면서 공부했고, 1922년 한국 선교사로 활동하던 린턴과 결혼하고 목포에 자리를 잡았다. 그녀의 아들과 손자도 한국에서 선교사로 활동했다. 이 건물은 현재 등록문화재 제62호로 등재되었고 학교에서 백주년기념관으로 사용하고 있다.

석관 2호는 1919년 지어진 건물인데 일제 강점기에는 선교사들이 살았고 해방 후에는 교실, 교장실, 행정실로 사용되었다. 이

건물이 중요한 것은 1983년 건물 1층 천장에서 독립운동 자료들이 발견된 데 있다. 건물을 수리하다가 대들보 위에 있는 양철 깡통을 발견했는데 그 속에 〈2·8독립선언서〉 원본, 〈3·1독립선언서〉 사본, 〈경고아이천만동포警告我二千萬同胞〉라는 격문, 〈조선독립 광주신문〉 그리고 만세 시위 중에 불렀던 〈독립가〉 사본이 들어 있었다. 이 자료들은 현재 독립기념관에서 보관하고 있다. 석관 2호는 도서관으로 사용되고 있는데 도서관 앞에 '독립기념비'가 있다.

목포、중앙、교회

기구한 예배당의 운명

사공의 뱃노래 가물거리면 삼학도 파도 깊이 스며드는데
부두의 새악시 아롱진 옷자락 이별의 눈물이냐 목포의 설움
삼백 년 원한 품은 노적봉 밑에 님 자취 완연하다 애달픈 정조

'목포의 눈물'은 1933년 〈조선일보〉에서 주최한 '향토 가사 공모전'을 통해 태어났다. 원래는 '삼백 년 원한 품은 노적봉'이 아니라 '삼백연 원안풍' 三百淵 願安風 으로 발표됐다. 일본 경찰의 검열을 피하자면 어쩔 수 없었다. 노적봉이라는 이름은 임진왜란의 영웅 이순신 장군과 관련이 있다. 이순신 장군이 유달산 앞 봉우리에 이엉을 덮어 아군의 군량미처럼 위장했더니, 일본군은 아군의 숫자

가 많은 줄 알고 후퇴했다는 것이다.

1932년 목포는 전국 6대 도시 중 하나였다. 그러나 실상은 목포 시민의 피와 땀으로 그린 유채화였다. 절반의 인구가 일본인이었고, 그들은 목포 경제를 독점하고 있었다. 목포만의 일은 아니다. 충청남도 논산 강경읍, 전북 익산과 군산에도 일제 강점기 건물이 많았다. 시대를 대표하는 문화재급 건물이라 보존이 필요하지만 뒷맛이 씁쓰레하다.

목포에 교회를 세우고 선교부를 설치한 이유는 두 가지였다. 하나는 나주에 선교부를 설치하려던 계획이 틀어졌기 때문이다. 전라도를 대표하는 전주와 나주를 선교의 발판으로 삼고자 한 것은 당연한 과정이었다. 전주가 전북 선교의 거점이듯 나주를 전남 선교의 교두보로 만들려 했으나 나주 양반들의 반대가 엄청났다. 끊이지 않는 협박으로 나주 선교부는 3개월 만에 폐지되었고 대안으로 목포를 선정했다. 다른 이유는 목포가 개항장으로 결정되었기 때문이다. 질 좋은 쌀이 생산되는 호남평야가 가까운 목포는 일본의 계산에 맞춤했다. 1897년 10월 목포가 개항되자마자 일본인들은 파리 떼처럼 몰려왔다. 개항 1년 만에 9백여 명의 일본인이 들어왔다. 그 후에도 꾸준히 증가해 1913년 인구 통계를 보면 한국인이 7,552명, 일본인이 5,859명이었다.

이런 와중에 불교인들이 들어왔다. 일본 교토 동본원사를 본산으로 하는 정토진종淨土眞宗 대곡파大谷派가 한국에 진출한 까닭은 두 가지다. 하나는 한국에 나와 있는 일본인들의 정신적 위안이었고, 다른 하나는 한국인의 회유와 동화였다. 일본 정부의 후원을 등에 업고 1877년 부산에 동본원사 별원이 세워진 후 전국 각지에 별원이 들어섰는데 1913년까지 53개나 세웠다. 목포 별원도 개항 직후인 1898년 4월에 들어섰다.

일본 기독교도 같은 목적으로 한국에 들어왔다. 물론 변변한 후원자도 없이 한국인을 위하다 과로와 결핵으로 생을 달리한 노리마쓰 목사나 조선 독립운동을 돕고 신사참배 반대 설교를 한 오다 목사같이 순수한 신앙인도 있었지만, 일본 조합교회는 침략 정책에 적극 협력했다. 조선총독부의 적극적인 재정 지원으로 세력을 확장한 조합교회의 폐해는 3·1운동 때 드러났다. 조선군 참보부가 발간한 책자에 실려 있는 내용이다.

일본 조합교회로 하여금 적극적으로 활동하게 할 필요가 있다. 이번 소요 때 이 교회에 소속한 교도 2만 명 중 소요에 참가한 사람은 한 사람도 없었다. 이것을 보아도 종교의 힘이 얼마나 위대한가를 알 수 있다.

일본 조합교회는 한국인을 친일 매국노로 만드는 이적을 일으켰으나 영혼을 구원하지는 못했다. 지나친 매국 활동은 일본 기독교인들에게도 비난받았고, 결국 정부의 재정 지원까지 끊기면서 몰락하고 말았다.

목포에 들어온 동본원사 별원의 운명도 기구하다. 나무판자와 대나무로 만든 간이 절로 시작한 별원은 1905년 번듯한 목조 단층 건물로 탈바꿈하고, 1920년대 후반에는 지금의 석조 건물로 바뀌었다. 해방 후 건물의 소유주가 여러 번 바뀌다 1957년 난데없이 교회가 되었다.

"이 건물은 일본 사찰 법당으로, 1957년부터 최근까지 교회로 사용되었다. (…) 지금은 건물 내부를 전시·문화 시설로 활용하고 있다."

안내판에 기록된 내용처럼 절이 교회가 된 사연은 이렇다. 한국전쟁 후 극심한 분열을 겪고 있던 불교계가 절을 매물로 내놓았는데 마침 죽동에 있던 목포중앙교회가 새 예배처를 찾다가 소식

을 듣고 달려와 매입한 것이다. 얼마 전 교회는 건물을 시청에 팔고 옥암동으로 이전했다.

'오거리 문화센터'는 몇 년 전까지 목포중앙교회 예배당으로 사용되던 건물의 새 이름이다. 넓은 계단 끝에 우뚝 솟은 옛 목포중앙교회. 지붕이 건물의 절반을 차지하고 있다. 팔작지붕 형태인데 경사가 가파르다. 지붕의 각도가 75도나 되는데, 건축 당시 목포에 눈과 비가 많이 내렸기 때문에 눈이 쌓이는 것을 막기 위해 가파르게 하고 물받이까지 설치했다고 한다. 용마루 상단 부분은 일본 황실 문양인 국화꽃무늬 막새기와를 올렸고, 지붕을 덮은 구리기와는 일본에서 만들어 가져온 것이다. 경사가 특히 심한 곳은 구리선으로 묶어 놓았다. 창문은 오르내리창을 쌍으로 설치한 수직형이다. 수직 창은 도르래 원리를 이용해 올렸다고 하는데, 지금은 제대로 작동하는 도르래가 없다.

건물 중앙 현관 지붕은 카라하후^{唐破風} 양식이다. 카라하후는 지붕 처마 가운데 부분을 둥글게 솟구쳐 올렸다가 슬며시 내려 앉히는 장식으로 가마쿠라 막부 시대(13-14세기)에 유행했던 건축양식이다. 현관 문 위 상인방에는 파도무늬가 있다. 건물에서 교회의 흔적을 찾기 어렵다. 절간에 십자가 하나 달아 놓고 예배를 드렸으니 그럴 만도 하다.

일본의 잔재이니 철거해 버리자는 여론으로 사연 많은 건물이 하마터면 사라질 뻔했으나, 목포문화연대와 시민단체의 반대로 철거 위기를 모면했다. 그뿐 아니라 2009년 7월 등록문화재 제340호로 지정되었다.

목포중앙교회는 양동교회에 뿌리를 두고 있다. 1930년대만 해도 유달산 아래는 진흙 갯벌이었고 만조가 되면 물이 들어와 바다가 되었다. 그렇다 보니 남교동, 북교동, 죽동에 살던 양동교회 교인들은 교회에 가려면 배를 타고 다녀야 했다. 그 무렵 희성유치원이 생기면서 주일 예배는 본 교회에서 드리고 저녁 예배는 유치원에서 드리기도 했다. 목포중앙교회가 죽동에 40평 규모의 석조 예배당을 지으면서 불편 없이 예배를 드리게 되었는데, 공간이 부족해지자 목포중앙교회가 1957년 무안동에 있는 절을 구입했던 것이다.

목포의 눈물은 쉬이 그치지 않을지 몰라도 순수한 믿음 덕에 눈물이 맑게 빛난다.

경상지역

대구제일교회
부산 주교좌성당
안동교회
척곡교회
행곡교회

대구, 제일, 교회

경북에서 제일 오래된 교회

이중환은 《택리지》에 "(대구는) 산이 사방을 높게 막고 그 가운데 큰 들판을 감췄는데, 들판 가운데 금호강이 동쪽에서 서쪽으로 흘러오다가 낙동강 하류와 만난다"라고 기술했다. 땅이 좋고 경주와 가깝다는 지리적 이점 때문에 신라 신문왕은 수도를 대구로 옮기려고 했었다고 한다.

대구 지하철 중앙로역 근처에 옛 대구제일교회 건물이 있다. 가까운 곳에 소설 《마당 깊은 집》의 배경이 된 집도 남아 있다. 대구제일교회는 대구와 경북을 아울러 가장 오래된 교회로, 북장로교 베어드 William M. Baird 와 아담스 James E. Adams 선교사가 세웠다.

경상도 선교는 장로교가 주도했다. 1892년 부산 초량교회를 세운 베어드는 마산, 진주, 김해, 동래, 상주, 안동, 울산, 밀양, 대구 등지를 다니며 부지런히 전도했다. 그가 대구에 온 것은 한 달 간 서경조, 박재룡과 경북 지방 순회전도를 다니던 1893년 4월이었다. 일행이 방문한 토요일, 임시 거처에서 예배를 드리면서 120년의 대구제일교회 시계도 움직이기 시작했다.

대구 선교의 씨는 베어드가 뿌렸으나 얼마 후 그가 평양으로 옮기게 되면서 1897년 4월 아담스 선교사가 바통을 이어받게 됐다. 대구·경북 선교와 대구제일교회의 실질적 창설자는 아담스라 해도 과언이 아니다. 아담스가 대구에 들어올 때의 일이다. 선교사로 임명받고 김재수 조사와 대구에 도착했을 때, 대구 성문이 굳게 닫혀 성 안으로 들어갈 수 없었다. 아담스는 사정을 했다. "수문장님, 여관에 가서 미국에 계신 부모님께 편지를 써야 합니다. 문을 열어 주시면 감사하겠습니다." 수문장에게 이를 전해 들은 관찰사는 "아니, 선교사들도 부모에게 효도를 할 줄 아느냐? 참으로 기특하다" 하며 문을 열어 주도록 했단다.

아담스의 뒤를 이어 다른 선교사들이 내려왔다. 브루엔과 에드면 선교사 그리고 의료 선교사 존슨이 합류했다. 이들은 자전거를 타고 순회전도를 했다. 당시 사람들은 이 광경을 보고 안경알이

굴러가는 것 같다고 해서 자전거를 '안경 말'이라고 불렀다. 선교사 일행이 일렬로 지나갈 때면 논밭에서 일하다가도 일손을 멈추고 자전거 행렬이 보이지 않을 때까지 멍하니 바라보았다고 한다.

현재 남성동에 있는 제일교회 터를 구입한 것은 1896년 1월이다. 대지 420평에 초가 다섯 동, 기와집 네 동을 매입해 건물 한 채를 예배당으로 사용했다. 이곳에서 아담스는 계명학교를 시작했고, 존스는 동산기독병원을 열었다.

대구제일교회의 첫 교인은 서자명과 정완식이다. 1898년 12월 당회록에 "서자명과 정완식 양인이 학습 문답하여 믿음과 결심한 증거가 만족함으로 학습인으로 세우기를 결정하여 다음 주일에 학습 세우다"라고 기술되어 있다. 정완식은 남성동 땅의 원래 주인이고, 서자명은 아담스를 통해 예수를 영접한 인물이다. 아담스가 교회 앞 골목에서 전도 강연을 하고 있었는데, 시골 사람 하나가 지게를 지고 좁은 골목 안으로 들어왔다. 갑자기 들어온 지게꾼의 나뭇가지에 아담스의 얼굴이 긁혀 피가 흘렀다. 아담스는 화를 내는 대신 "괜찮습니다. 내가 부주의하여 미안하게 되었습니다. 용서하십시오" 하며 도리어 사과를 했다고 한다. 그 자리에 서자명이 있었다. 깊이 감동받은 서자명은 스스로 교회에 나왔다. 그는 대구에서 가장 먼저 믿고 세례 받은 신자가 되었고, 선교사를 도와 열심히 전도하다 1922년에는 제일교회 장로가 되었다.

제일교회에서 활동한 선교사들은 영적 능력이 출중했다. 브루엔이 선산 지방에 갔을 때의 일이다. 귀신 들린 사람 집에 가게 되었는데, 귀신이 미리 도망가 버리고 병든 사람이 금세 낫는 기적이 일어났다. 소문이 퍼져 귀신 들린 사람들이 몰려왔는데, 모두 브루엔의 안수 기도를 받고 깨끗하게 나왔다. 귀신을 쫓는 기적은 에드먼에게도 나타났다. 그가 사람들을 모아 놓고 기도하니 귀신들이 다 도망가 버렸다.

'남성동 선교관'은 1996년 대구제일교회가 동산동 청라언덕 위로 이전하면서 남기고 간 이름이다. 주일 낮 예배 때는 대구제일교회 부담임 목사가 와서 설교를 하는데, 평일에는 늘 잠겨 있다. 교회 뜰 좌우에 기념비가 있다. 왼편은 아담스 선교사 기념비로 1935년 경북노회가 선교 50주년을 기념해 세운 것이다. 오른편은 '대구제일교회 창립 50주년 기념비'다. 1947년 10월 10일에 세웠는데 내용상 약간 어긋난 부분도 있다. "본 교회는 주후 1894년에 선교사 안의와(아담스) 씨가 래구來邱하여"라고 되어 있는데, 교회의 시작은 1893년 베어드의 대구 방문을 기준으로 해야 할 것이다. 아담스가 대구에 부임한 것은 1897년 4월이다.

대구제일교회의 첫 예배당은 정완식에게서 구입한 한옥 예배당이었다. 그러다 1907년 전통 건축양식과 서양 건축양식을 절충한 예배당을 지었다. 지붕은 팔작지붕이고 함석을 깔았으며, 기둥과 기둥 사이를 흙벽으로 막고 회반죽을 칠한 벽 양쪽엔 세로로 긴 창문을 규칙적으로 배열했다. 또 출입구를 겸한 종탑을 교회 정면에 배치했다. 한 장 남은 사진 속 예배당 모습이다. 이 예배당은 1931년 철거되었다.

현재 남아 있는 남성동 예배당은 1933년 제일교회 교인들과 지방 교회에서 모금한 헌금으로 지어졌다. 고딕풍 2층 벽돌 건물로 만들었고, 교회 이름을 남성정교회에서 제일교회로 변경했다. 본당의 평면은 남북으로 긴 직사각형이고, 정면 중앙에 현관이 있고 오른쪽에 종탑이 있다. 측면은 붉은 벽돌로 쌓아 올렸고 벽면에는 일정한 간격으로 버팀벽을 세워 보강했다. 1층은 반원 아치창, 2층은 뾰족 아치창으로 장식했다. 층 사이와 처마에는 벽돌을 벽보다 약간 튀어나오게 함으로써 층과 층을 구별했고 벽면은 입체감이 살도록 했다.

1층 정문으로 들어가면 좌우에 긴 홀이 있는데 홀마다 2층으로 올라가는 계단이 있다. 2층 전체가 예배당이다. 내부 바닥은 긴 목재 마루를 깔았고 벽면은 회반죽을 발랐다. 천장의 목재는 井자로 마감했다. 처음에는 종탑이 없었다. 4년 후 설치했다. 제일교회 이주열 권사가 자신의 수성동 논을 팔아 헌금한 것으로 세운 종탑의 키는 33미터에 이른다. 그런데 종탑의 위치가 원래 설계와 차이가 있다. 도면에는 종탑의 위치가 왼쪽(서쪽)이지만, 실제로는 오른쪽(동쪽)에 있다. 아마도 동쪽을 선호하는 한국인의 방위관 때문이 아닐까 싶다. 5층 높이의 붉은 벽돌 종탑은 층마다 창의 모양이나 구성을 다르게 했고, 맨 위에 팔각형 첨탑을 세웠다.

오랜 세월이 건물을 스쳐 갔지만 건축 초기 모습과 크게 다르지 않다. 1969년 내부 중수 공사를 했고, 1981년 본당 뒤편으로 156평을 증축했다. 1995년에는 교회에 불이 나는 바람에 내부와 지붕 등을 보수했다. 그런데도 고딕 양식과 벽돌을 쌓은 방식 등 별로 달라진 것이 없다. 예배당은 1992년 대구 유형문화재 제30호로 지정되었고, 동산동 예배당과 구별해 남성동 선교관이라 불린다.

아담스 선교사와 사과나무 이야기도 해야겠다. 대구제일교회를 섬기며 열심히 목회하던 아담스에게 불행이 닥쳤다. 아내가

오랜 세월이 건물을 스쳐 갔지만 건축 초기 모습과 크게 다르지 않다. 예배당은 동산동 예배당과 구별해 남성동 선교관이라 불린다.

죽은 것이다. 1912년 미국으로 간 아담스는 여러 종류의 과실수를 키웠다고 한다. 그는 사과나무를 대구로 보냈다. 그 나무는 대구 선교부 내에 심겼고, 농촌에 있는 교인들에게 보급되면서 사과나무를 널리 재배하기 시작해 대구 사과가 유명해진 것이다.

아담스의 아들도 선교사로 한국에 왔다. 그는 1954년 계명대학교를 창립할 때 북장로교 선교사 대표로 참여했고, 계명대 2대 총장을 역임했다. 아담스의 손자도 한국에 왔다. 처음에는 주한 미국 대사관 직원으로 왔다가 후에 서울 용산 국군기지 안에 있는 국방학교 교장을 역임했고, 1973년 서울국제학교를 설립하는 데도 참여했다.

남성동에서 동산동 제일교회까지는 약 800미터 거리다. 그 사이에 계산성당이 있다. 천주교 신앙공동체는 1827년 천주교인들이 정부의 핍박을 피해 오면서부터 있어 왔는데, 1886년 로베르 신부가 부임하면서 성당이 축성됐다. 1902년 완공된 계산성당은 사적 제290호로 지정된 문화재다. 이곳에서 김수환 추기경이 사제 서품을 받았고, 박정희 전 대통령과 육영수 여사가 결혼식을 올렸다. 입구 양쪽에 두 개의 종탑이 있는데 동산동 대구제일교회 종탑과 마주 보고 있다.

천주교와 장로교 다음으로 1909년 구세군, 1917년 성공회, 1923년 성결교가 차례로 대구에 들어왔다. 감리교와 침례교는 1948년과 1942년에 각각 들어왔다.

지하 2층, 지상 5층 건물인 동산동 대구제일교회를 아래에서 올려다보면 거대한 절벽 같다. 건물 양쪽에 있는 종탑은 하늘을 향해 쭉쭉 뻗어 있다. 교회 주변에는 챔니스 주택(의료박물관), 블레어 주택(교육역사박물관), 스윗즈 주택(의료선교박물관) 등 선교사 주택이 있다. 청라언덕 기념비에는 학창 시절 음악 시간에 불렀던 노래 〈동무 생각〉 가사가 깊이 새겨져 있다.

> 봄의 교향악이 울려 퍼지는/ 청라언덕 위에 백합 필 적에
> 나는 흰나리꽃 향내 맡으며/ 너를 위해 노래 노래 부른다
> 청라언덕과 같은 내 맘에 백합 같은 내 동무야
> 네가 내게서 피어날 적에 모든 슬픔이 사라진다

부산、주교좌、성당

이제는 한국인을 위한 교회

부산 주교좌성당은 미국문화원 자리에 세워진 근대역사관 근처에 있어, 국제시장에서도 가깝다. 국제시장은 해방 후 생긴 역사적인 곳으로, 일본인들이 본국으로 갈 돈을 마련하기 위해 물건을 내다 팔면서 형성되었고, 한국전쟁 때는 미군 부대에서 흘러나온 구호품과 밀수품을 사고팔던 곳이다. 지금은 부산을 대표하는 시장으로 자리매김했다.

좁은 골목길 주변에 바싹 붙어 있는 건물들 때문에 교회를 찾기가 쉽지 않다. 예배당 벽에 박힌 머릿돌에 또렷한 "1924년, 1964년". 교회를 1924년 건축했고, 1964년 증축했다는 비명碑銘이다.

건물 아래는 화강암으로 둘렀고 그 위로 붉은 벽돌을 올렸다. 아담한 건물 위 은빛 종탑은 스테인리스로 만들었는데, 마법사의 고깔을 닮았다. 종탑 십자가는 삼위일체 십자가로 했다.

부산에 교회가 설립된 것은 1903년이지만, 성공회 신부들의 활동은 그 이전에 시작됐다. 1891년 1월 인천에서 활동하던 의사 랜디스는 일본인을 위한 영어 학교를 개설했고, 다음 해 스마트 선교사가 학교를 이어받았다. 청일전쟁이 터지면서 잠시 폐쇄되기도 했지만, 1895년 성탄절부터 다시 문을 열고 본격적인 전도활동을 벌였다. 그 결과 스마트는 여러 일본인을 개종시켰는데, 그중 두 명이 부산에 거주하게 되었다. 그들은 주일마다 모임을 갖고 전도도 하다가 1903년부터는 가정 예배를 드리기 시작했다. 부산 주교좌 성당은 한국에 거주하는 일본인을 위해 시작된 교회였던 것이다. 1903년을 창립일로 지키고 있지만, 실제로 부산에서 예배드리기 시작한 것은 1897년부터다.

1908년 성공회에서 선교 구역을 넷으로 나눌 때, 부산은 서울, 강화, 수원, 진천과 다른 별도의 구역으로 조직되었다. 그러다 1965년 서울교구와 대전교구가 분리될 때 대전교구로 편성되었다. 부산교구가 설립된 것은 1974년에 와서다. 당시 부산교구는 경상도와 부산, 그리고 제주도를 포함했고, 교회는 모두 여섯 개였다.

지금은 주교좌성당을 포함해 부산시에만 여섯 개의 성공회 교회가 있다.

1903년 처음 예배드릴 때 변변한 장소가 없어 가정집에서 예배를 드리다가 카트라이트^{Stephen H. Cartwright} 선교사가 풍토병으로 목숨을 잃으면서 받은 사망보상금 가운데 유족이 기증한 돈으로 예배당을 지었다. 교회는 지역의 명물이 되었다. 지금도 그렇지만 지대가 높은 곳에 위치해 있는 데다 당시엔 예배당 외에 다른 건물이 없었기 때문에 멀리서도 교회를 찾을 수 있었다. 이제는 많아진 건물 틈에서, 새로 지은 천주교 성당과 개신교 예배당에 밀려 존재감이 작아졌지만, 일제 강점기에는 한국을 방문한 일본인들의 관광 코스였다고 한다.

제단 입구가 둥근 아치형인데 아치 틀이 반듯하지 않다. 톱니바퀴처럼 큰 돌과 작은 돌을 번갈아 쌓는 방법인데 옛 성곽을 쌓을 때 사용하는 '석축물림' 기법이다. 웬만한 지진에도 무너지지 않는다고 한다. 강대상 윗벽에 여섯 줄기가 뻗어 나가는 모양의 돌 장식이 있다. 5대양 6대주를 상징하는 것으로 복음이 전 세계로 퍼져 나감을 나타낸다.

천장은 나무로 되어 있는데, 얼핏 보아서는 바둑판무늬의 합판을 깔아 놓은 것 같다. 문양은 노아의 방주를 상징하는 것으로, 120개 칸은 성령을 구하며 기도했던 120명의 성도를 의미한다고 한다.

내부 공간은 좌우 6대 4 정도로 구분되는데, 1964년 예배당 길이는 그대로 두고 오른쪽으로 증축한 것이다. 천장에서 내려오다 멈춘 벽과 아래에서 솟아오른 아치형 기둥이 만나 공간을 구분해 준다. 오른편 공간은 성가대석으로 쓰고 있다.

밖에서 볼 때는 스테인리스 재질로 보이는 종탑 내부는 목재다. 아래에서 보면 井자 모양으로 종탑 틀을 세웠는데, 그곳에 새로 만든 종이 매달려 있다. 종탑 위에는 오래된 종이 하나 있다. 측면에 하얀 페인트로 '祝福'(축복)이라는 글씨를 써 넣은 종은 교회를 지을 때부터 사용하던 것으로, 1924년 축성식 때도 사용했을 거라고 한다. 일제 말기 많은 교회 종이 군수공장으로 갔다. 생명의 복음을 울리던 종은 누군가의 가슴을 뚫고 지나가는 총알이 되거나, 팔다리를 자르는 칼이 되었다. 이 종도 같은 운명을 짊어지고 배에 실려 일본으로 가기 위해 항구에서 대기하다 해방을 맞았다. 다시 교회로 돌아와 온몸이 부서져라 복음을 전하다 은퇴했다. 변변한 집 한 칸 없이 종탑 골방에서 불평 없이 지내는 '주의 종鐘'이다. 옆

강대상 윗벽에 여섯 줄기가 뻗어 나가는 모양의 돌 장식이 있다. 5대양 6대주를 상징하는 것으로 복음이 전 세계로 퍼져 나감을 나타낸다.

에 녹슨 삼위일체 십자가도 있다. 이 십자가도 종과 비슷한 연배일 것이다. 2년 전 교체되기 전까지 묵묵히 자리를 지켰을 터다.

부산은 장로교와도 관련이 깊다. 선교 초기에는 호주장로교와 북장로교가 같이 들어왔다. 1891년 3월, 북장로교의 베어드가 들어와서 부산 선교부를 설치했고 초량교회를 세웠다. 그러다가 부산 선교부를 폐쇄하고 대구로 가서 선교부를 설치했다.

호주장로교의 경우, 1890년 4월 데이비스 Joseph H. Davies 선교사가 부산에 왔지만 얼마 안 되어서 급성폐렴에 걸려 죽고 말았다. 그러나 그 후에도 선교사들은 부산으로 들어와 선교부를 설치했고 복음 증거를 멈추지 않았다. 호주장로교의 주요 활동 무대는 부산과 경상남도였는데, 선교 초기에는 북장로교와 겹치기도 했다. 그러나 북장로교 선교부가 대구로 옮겨 간 뒤에는 경남·부산 선교를 전담하게 된다.

경남·부산을 기반으로 해서 호주장로교는 각지에 선교부를 설치했다. 부산 선교부(1891), 진주 선교부(1905), 마산 선교부(1908), 거창 선교부(1912), 통영 선교부(1913)가 차례로 세워졌고 이를 토대로 전도와 교회 설립이 이루어졌다. 1914년 호주장로교와 북장로교의 선교지 분할 결과로 경남·부산 지역은 호주장로교 구역이 되었다. 한편 북장로교는 부산 선교부(1891-1894)를 폐쇄한 뒤에 대구 선교부(1893), 안동 선교부(1908)를 중심으로 경상북도 선교에 힘을 쏟았다.

부산진교회(동구 좌천동)는 초량교회에서 3킬로미터 거리에 있는데, 초량교회와 함께 부산에서 가장 먼저 세워진 교회다. 아직도 종탑에는 1919년 호주에서 가져온 종이 매달려 있고, 교회 한 귀퉁이에는 1935년 별세한 호주 선교사 멘지스$^{B.Menzies}$의 기념비가 있다.

부산 주변 기독교 유적지로는 호주선교사순직기념관(창원시 마산합포구 진동면 인곡리)과 기념관 뒷편에 있는 호주 선교사 순직묘원이 있다. 이곳 묘원에는 1890년 부산에서 순직한 데이비드 선교사를 비롯해 여덟 명의 호주 선교사들이 묻혀 있다.

안 동、교 회

한 척의 외로운 배

천 년 전, 신라를 사이에 두고 후백제와 고려가 치열한 전투를 벌였다. 그 전쟁터가 경상북도 지역이다. 927년 후백제 견훤은 신라 수도 경주를 공격해 점령하고 신라 왕을 죽였다. 그리고 신라를 구원하러 온 고려 왕건을 대구 팔공산에서 물리치고 경상도 내륙을 석권했다. 3년 후 고창군古昌郡을 포위 공격했다. 고창만 얻으면 경주를 제외한 경상도 전 지역을 얻게 될 것이고, 신라와 고려를 잇는 교통로도 완전히 끊어 놓을 수 있었다. 이번에도 왕건이 군대를 끌고 왔다. 하루를 꼬박 싸운 결과, 고려군이 승리했다. 이 싸움으로 고려는 소백산 지대와 경상도 내륙 지역, 강원도 지역까지 세력을 확장했다. 왕건은 고창군을 안동부安東府로 승격시켰다. 안동은 '동쪽을 안정시켰다'라는 뜻이니 고창 전투를 얼마나 중요하게 여겼는지 짐작할 수 있다.

안동에 가면 손이 모자라고 입이 부족하다. 잘 차려 놓은 밥상처럼 집어 들고 싶은 이야기가 많아 지루할 틈이 없다. 이중환은 《택리지》에서 "예안(지금의 안동시 도산면), 안동, 순흥, 영천, 예천은 이백(태백산과 소백산) 남쪽에 있는데 이곳은 신이 알려 준 복지福地다. (…) 예안은 퇴계 이황의 고향이고, 안동은 서애 유성룡의 고향이다. 그러므로 이들이 살던 곳에다 각각 사당을 짓고 제사한다. 그러므로 서로 가까운 이 다섯 고을에 사대부가 가장 많은데, 모두 퇴계와 서애의 문인 자손이다"라고 했다. 그의 기록처럼 안동은 양반의 고장이다. 향교가 둘이고, 서원이 다섯 개다. 사찰은 무려 일흔한 곳이다. 안동과 관련된 문화 유적지는 유학과 불교의 테두리 안이다. 이런 곳에 복음을 전하는 것은 딱딱한 땅 위에 씨를 뿌리는 무모한 짓이었을 것이다.

안동교회는 척박한 땅 위에 떨어졌다. 창립 초기 기독교 서점에서 예배를 드리다가 1910년 선교사 임시 주택으로 예배처를 옮겼다. 다음 해에야 예배당을 건축했다. 처음에 11칸 ㄱ자 예배당을 지었다가 1914년 목조 함석 예배당을 새로 지었다.

현재 남아 있는 석조 예배당은 1937년 4월 완공된 것이다. 육중한 화강암을 일일이 다듬어 산처럼 쌓아 올렸다. 유교와 불교 문화가 바다라면, 안동교회는 그 위에 홀로 떠 있는 배였다. 그 외로운 배에서 학교를 시작했고, 복음을 사방으로 실어 날랐다.

1911년 교회 안에 초등교육 기관인 계영학원을 세웠다. 남자와 여자, 양반과 상민의 차별 없이 누구나 입학할 수 있었다. 1924년에는 중등교육 기관인 경안중학교를 세웠다. 그러나 재정적인 문제로 곧 문을 닫고 말았다. 현재 안동에 있는 경안중고등학교와 여학교는 해방 후 생긴 것이다. 안동교회가 속한 경안노회에서 설립했는데, 학교를 세울 때 안동교회에서 도움을 많이 주었다. 1948년 교회에서 시작한 유치원은 안동 최초의 유치원이다. 2012년까지 64회 졸업생을 배출했다.

교회를 건축할 때 설계는 선교사들이 했지만, 당시 국내에는 마땅한 기술자가 없어 시공은 중국에서 온 기술자들이 했다. 안동시는 시 재정으로 야간에도 예배당의 아름다움을 볼 수 있도록 조명 시설을 설치해 주었다.

예배당 양측에 망대처럼 붙어 있는 조그마한 사각 종탑에 십자가를 두었고, 가운데 뾰족 솟은 지붕 위에도 십자가를 세웠다.

멀리서 보면 십자가 세 개가 선 골고다 언덕이다. 2층에 아치형의 정문 두 개와 창이 있다. 양쪽 정문 위에 아치형 장식이 있는데 멀리서 보면 두 눈(두 정문) 위에 난 눈썹처럼 보인다. 둥근 문과 장식 덕분에 예배당이 웃으며 맞아 주는 듯하다.

    1959년 증축했다지만 초기 예배당 모습과 큰 차이가 없다. 벽을 타고 기어오른 담쟁이가 예배당 한쪽을 덮고 있다. 화강암 벽에 붙은 이슬로 목을 축이며 사는 것이 아니라, 교회의 역사를 먹고 사는 담쟁이다. 안동 지역의 중심이자 3천 명의 영혼이 주렁주렁 매달린 큰 나무 안동교회의 믿음은 길고도 깊다. 교회 옆에 새로 지은 백주년기념관으로 발길을 옮기면 맞아 주는 역사전시실을 통해 믿음의 역사를 확인할 수 있다. 누구에게나 열려 있는 곳이 교회지만, 방문 전에 미리 연락을 하는 것이 좋다. 그래야 예배당 내부와 역사전시실을 둘러볼 수 있다. 교회에서 10분 거리에 구 시장이 있다. 그 유명한 안동찜닭 집들이 모여 있다.

    안동에 복음을 선물한 이는 북장로교 선교사 베어드다. 베어드는 1891년 부산 선교부에 부임했다. 1893년 경남 여러 지역을 방문했는데 그때 안동을 방문해 복음을 전한 것으로 알려져 있다. 또 대구 선교부로 활동하고 대구제일교회를 담임한 아담스도 한몫을

유교와 불교 문화가 바다라면,
안동교회는
그 위에 홀로 떠 있는 배다.

했다. 1902년 안동을 방문한 아담스는 시장에서 전도하고 많은 복음서를 판매했다. 그해 국곡교회와 풍산교회가 설립됐다. 1903년 베렛과 브루엔 선교사가 방잠(지금의 안동시 와룡면)에서 전도 집회를 열기도 했다. 이런 노력으로 안동과 인근 지역에 신자들이 생기자 1908년 안동 선교부가 설치되었고, 첫 상주 선교사로 소텔^{C.C. Sawtell}이 부임했다.

안동교회가 설립되는 데 아담스의 역할이 매우 컸다. 아담스는 풍산교회 교인 김병우를 매서인으로 임명하고 안동시 대석동에 초가 다섯 칸을 마련해 기독교 서점을 열도록 했다. 1909년 8월 서점에서 첫 예배를 드렸다. 김병우가 예배를 인도했고 강복영, 윤화순, 원홍이, 권중알, 박끝인, 정선희, 김남홍 등 일곱 명이 참여했다. 그해 웰번^{Arthur G. Welbon} 선교사가 안동에 합류했다. 모든 일이 순탄하지만은 않았다. 웰번과 전도하러 나갔던 소텔이 장티푸스에 걸려 죽고 말았다. 후임으로 크로터스^{Y.J. Crothers}가 왔다. 그는 소텔의 여동생과 결혼했고 은퇴하기까지 40년 동안 안동 선교의 소임을 다했다. 이듬해 플레처^{Archibald G. Fletcher} 선교사가 안동으로 와서 진료소(지금의 안동성소병원)를 개설했다.

안동 지역 복음화를 위해 선교사들은 안동의 유교문화를 이

해하고 유림을 받아들이고자 노력했다. 보엘켈 선교사는 하회마을에 사는 류장하가 안동성서학원에서 공부할 수 있도록 배려했고, 의료 선교사 베르코비츠는 도산의 종가를 자주 찾아갔다. 모두 유림들에게 복음을 전하고 그들의 마음속 문턱을 낮추기 위한 마음 씀이었다.

초기 선교사들은 이름을 한국식으로 만들어 사용했다. 경상도에서 활약한 선교사들을 예로 들면, 배위량(베어드), 안의와(아담스), 부해리(브루엔), 별리추(플레처), 어도만(에드먼), 오월번(웰번), 인노절(윈), 안대선(앤더슨), 권찬영(크로터스) 등이 있다. 웃지 못할 '창씨개명' 에피소드도 많다. 크로터스는 원래 본 발음과 유사하게 한국 이름을 구찬영이라 만들었다. 그런데 안동에 와보니 구씨가 없는 것 아닌가. 그래서 안동 권씨와 안동 김씨가 많은 안동의 특성에 맞게 권씨로 성을 갈았다.

안동교회는 이름 때문에 서울 종로구에 있는 안동교회와 착각을 일으키기도 하는데, 어찌 보면 같은 날 태어난 쌍둥이가 운명의 장난으로 헤어져 각기 다른 곳에서 살아가는 모습을 보는 듯하다. 경북 안동은 '安東'이고, 서울은 '安洞'이다. 같은 장로교 소속이고 나이도 같은데, 다만 서울 안동교회가 1909년 3월생으로 경북 안동교회보다 생일이 빠르다. 두 곳 모두 양반이 주축을 이루는 교회였다. 서울 안동교회는 안국동 북촌에 터를 잡은 양반들 중심으로 설립되었고, 경북 안동은 동네 별명 자체가 양반골이었다.

게다가 두 교회 모두 3대 이상 장로를 배출한 믿음의 가정이 있다. 서울 안동교회에서는 1917년 윤치소가 장로로 취임했는데, 그의 큰아들 윤보선은 대통령이 되었고 다섯째아들 윤택선은 부친에 이어 장로가 되었다. 지금은 윤보선 대통령의 장남 윤상구가 장로로 교회를 지키고 있다. 한 집안에서 세 명의 장로에다 대통령까지 나왔으니 참으로 대단한 일이다. 경북 안동교회는 이중희-이재상-이인홍-이정일 4대가 장로로 충성하고 있다. 그중 이중희 장로는 3·1운동 희생자다. 이중희 장로는 담임 김영옥 목사, 김병우 장로, 안동군청 김원진 등과 3·1만세운동을 주도하다 일본 경찰의 예비 검속에 걸려 유치장에 갇혔다. 열흘 만에 풀려났지만, 유치장에서 얻은 병으로 곧 죽고 말았다.

안동 지역 만세운동은 3월 18일 장날에 일어났다. 많은 교인이 참여했고, 체포되었다. 김병우 장로가 체포되어 징역 2년을 사는 등 만세운동으로 안동교회에 타격이 컸다. 두 명의 장로 가운데 한 명은 죽고 다른 한 명은 옥에 갇힌 것이다. 안동교회의 수난은 일제 강점기 말에도 계속됐다. 일본은 예배당을 강제로 빼앗아 육군 기지로 사용했다. 당시 담임 김광현 목사는 예비 검속에 잡혀 들어갔다. 그가 풀려난 것은 1945년 8월 해방된 다음 날이었다.

안동교회가 간직하고 있는 또 하나의 기억은 안동교회가 가장 먼저 시작한 '장로교 면려회'CE, Christian Endeavour 운동이다. 3·1만세운동 이후 좌절감에 빠진 안동 지역 청년들에게 앤더슨Wallace J. Anderson 선교사는 "그리스도에 소망을 두고 살자"고 외치며 다녔다. 면려회는 1892년 미국에서 시작된 운동으로, 앤더슨을 통해 한국에 들어왔다. 앤더슨은 소리 높여 외쳤다. "하나님께 충성을 다합시다. 정직한 내가 됩니다. 신의를 지킵시다." 이에 대한 실천 방안으로 쉬지 않고 나를 교양하고, 나의 교회를 돕고, 방방곡곡에 전도하고 외지 전도에 힘쓰자고 제안했다. 1921년 2월 5일 안동교회 당회를 통해 면려회 설치를 결의했다. 안동교회에서 시작된 면려회는 4개월 만에 30여 교회로 늘었다. 면려회는 야간학교, 금주운동, 물산장려운동, 문맹 퇴치, 농촌사업 등 다양한 사업을 진행했다. 그러나 일제는 면려회를 불순단체로 규정해 탄압했고, 결국 해산시켜 버렸다. 해방 후 다시 시작된 면려회는 장로교의 학생회, 청년회, 청장년부로 그 전통을 이어 가고 있다.

교회 가까운 곳에 경안고등학교가 있다. 학교 입구에 들어서면 윈$^{Roger\,E.\,Winn}$ 선교사의 무덤과 동료 선교사 자녀들의 무덤이 있다. 윈 선교사의 묘비는 뚜렷한 글씨로 말한다. "그는 죽지 않고 잠자고 있다.$^{He\,is\,not\,dead\,but\,sleepeth.}$" 윈 선교사는 1920년 안동성서학원을 설립했는데, 1922년 이질에 걸려 생을 달리했다. 안동선교부에서 활동한 스물아홉 명의 선교사 중 유일한 희생자이기도 하다. 1925년 그를 기념해 세운 인노절기념성경학교 건물이 있었으나 2004년 철거됐고, 그 자리에 안동성소병원 부속 건물이 들어섰다. 안동성서학원은 경안노회에 소속된 신학교로 계속 운영되고 있다.

경안고등학교 경안역사관은 선교사 사택을 개조한 것이다. 선교사가 살던 단층 건물인데, 경북 북부에서는 선교사가 지은 건물로 유일하다고 한다. 선교사 유품과 안동 지역 역사 유물을 전시하고 있다. 이 밖에 둘러볼 곳으로는 도산서원(도산면 토계리), 하회마을(풍천면 하회리), 이육사문학관(도산면 원천리) 등이 있다. 병산서원과 하회 한옥 예배당은 하회마을 안에 있다. 1999년 영국 엘리자베스 여왕이 방한했을 때 들르기도 했던 하회마을은, 마을 주위를 감싸 안고 흐르는 낙동강의 모습이 '회'^{回} 자와 비슷하다 해서 '하회'^{河回}라 불린다.

안동까지 왔으니 영천에 위치한 자천교회도 보고 가면 좋겠다. 보지 않고 후회하는 것보다 보고 나서 기억하는 편이 믿음 생활에 활력을 줄 것이다. 자천교회는 영천시 화북면 자천리에 있다. 본래 자천慈川은 자모산慈母山(보현산의 다른 이름)과 마을 앞을 흐르는 시내가 乙자형으로 흐른다고 '자을천'慈乙川이라 했다가 차츰 '자천'으로 불리게 되었다고 한다.

자천교회는 대구 선교부 아담스 선교사와 연관이 깊다. 1897년 경주에서 서당 훈장을 하던 권헌중은 식솔을 이끌고 대구로 이사 가던 길에 아담스 선교사를 만났다. 미국 선교사를 처음으로 본 가족들과 머슴은 "괴물이 나타났다"고 소리를 질렀지만, 이내 권헌중은 아담스를 통해 예수를 만났다. 복음을 듣게 된 권헌중은 대구로 가는 것을 포기하고 영천 화북면에 자리를 잡았다. 작은 초가를 구해 낮에는 학동들을 가르치고, 밤에는 아담스와 성경공부를 하며 1898년부터 가정 예배를 드렸다. 공식적인 교회 설립일은 1903년 4월 1일로, 현재 남아 있는 예배당은 1904년에 완공됐다. 당시 주민들의 반대로 예배당 짓는 것이 쉽지 않았는데, 권헌중은 마을에 주재소(파출소)와 면사무소를 지어 줄 테니 교회도 짓게 해달라고 마을 사람들을 설득해 겨우 예배당 건축 허락을 받아 냈다.

세월의 흔적을 간직한 교회는
설립된 지 꼭 백 년 만에
문화재자료로 등록되었다.

교회 지붕은 지붕면이 사방으로 경사를 짓는 우진각 형태로 기와를 덮었다. 네 내림마루가 모두 용마루에서 만난다. 지붕이 유난히 높고 용마루가 짧은 것은 두 집을 감싸기 위함이다. 자천교회는 겹자형 一자 예배당으로 두 예배당을 병렬로 붙여, 전체적으로 보면 정사각형이다. 지붕 위에 평평한 공간이 있었는데, 한국전쟁 때 미군의 공중 폭격을 막기 위해 횟가루로 'CHURCH'라고 표시해 교회를 지켰다는 일화가 전한다.

교회 오른편에 ㅁ자형으로 배치된 신성학당 건물이 있다. 본래 ㄷ자형 배치였는데 증축하면서 ㅁ자형이 되었다고 한다. 권헌중 장로의 집이었다는 이곳에서 요즘은 처치 스테이$^{Church Stay}$가 이뤄진다. 또 기도실, 별빛문고, 역사자료실 등 다양한 쓰임새로 활용되고 있다.

교회 옆에 작고 아담한 굴뚝과 독특한 모습의 종탑이 인상적이다. 작은 굴뚝은 연기가 높이 피어오르는 것을 막는 기능을 한다. 예배당 앞뜰에 권헌중 장로의 무덤과 기념비가 있다.

교회 안으로 들어가면 네 개의 기둥이 가운데 줄지어 서 있고, 나무로 된 칸막이가 기둥과 기둥을 이어 주고 있다. 휘장도 아닌 나무 칸막이라……. 남녀가 유별하다 못해 아예 서로 다른 공간에서 예배드리도록 하는 셈이다. 천장 위 대들보는 활처럼 휘었다. 예배당 안에는 선교사들과 한국인 조사가 잠을 잤던 방이 두 개 있다. 세월의 흔적을 고스란히 간직한 영천 자천교회는 2003년 경상북도 지방문화재 문화재자료 제452호로 등록되었다.

척곡、교회

깊은 산속에 묻혀
백 년의 소리를 담다

척곡교회는 해발 350미터 고지대에 있다. 집도 잘 보이지 않는 산길을 차로 10분 이상 달려야 비로소 교회를 만날 수 있다. 다니는 버스도 없는 듯하고, 위치를 물어도 설명해 주기 곤란한 산 속에 자리하고 있다. 교회를 관리하는 김영성 장로는 인천에서 학생들을 가르치다 교장으로 정년퇴직하고 2004년 교회 옆으로 이사 왔다고 한다. 아흔이 가까운 노인이 살기엔 너무 외진 곳이지만, 김 장로는 주일 낮 예배 때는 반주를 하고 평일에는 동네 노인들을 불러 모아 아내와 음식을 대접하며 전도를 한다. 주일이면 담임 목사 부부와 김영성 장로 부부 그리고 시골 노인 네다섯이 모여 예배를 드린다.

척곡^{尺谷}이라는 지명은 수백 년 전 마을에 있던 '천곡'^{天谷}이란 연못에서 비롯되었다는데, 하늘 아래 깊은 계곡이건 자처럼 긴 계곡이건 첩첩산중에 묻혀 있는 마을임은 분명하다. 이 마을에 교회가 들어온 것은 1907년경이다. 선교사가 들어와서 세운 것이 아니다. 선교사가 세웠다면 사람들이 많이 다니는 큰길, 뱃길, 기찻길을 따라 세웠을 것이다. 그런데 척곡교회는 아무도 찾지 않는 깊은 산골에 있지 않은가.

교회를 세운 주인공은 김종숙 목사다. 김 목사는 대한제국 탁지부(지금의 재정경제부) 주사였다. 그는 외교관 양성소인 외국어학원 일본어 과정을 마쳤고, 참의(국장급) 승진이 예정된 실력 있는 관리였다. 그런데 새문안교회 언더우드 선교사의 설교가 그의 인생을 바꿨다. 믿음을 얻은 그는 일제의 사슬을 끊고 나라가 독립하려면 야소교를 믿어야 한다고 생각했다.

선교 초기 한국인들이 기독교로 개종하는 이유는 다양했는데, 일반 백성들은 치외법권의 위세를 가진 선교사들의 보호를 받기 위해 교회에 나왔고, 의식 있는 지식인과 관리들은 기독교 신앙을 통해 나라를 부강하게 하고 자주독립을 쟁취하기 위한 목적에서 신앙의 길로 들어왔다. 김종숙은 후자였다. 영천 자천교회를 설립한 권헌중 장로도 이런 경우였고, 서울 YMCA(1903년 창립) 초기 회원들도 같은 이유로 신앙인이 되었다. 이런 현상은 충청도 양반들이 마을에 교회와 학교를 세워 신앙과 교육 운동을 했던 것과 맥을 같이한다.

1905년 을사늑약이 체결되자 김종숙은 미련 없이 벼슬을 버리고 처가가 있는 봉화 척곡리로 내려왔다. 그가 가장 먼저 한 것은 예배하는 일이었다. 처음에는 30리 길을 걸어 문촌교회(봉화에서 가장 오래된 교회)까지 나가 예배를 드리다가 1907년 5월 17일 문촌교회 장복우 성도와 함께 척곡리에 교회를 세웠다. 그해 11월 16일 안동 선교부의 웰번 선교사가 와서 최재구와 우재곡에게 학습을 베풀었다.

현재 교회 건물은 1909년 6월에 건립한 것으로 최재구가 땅서 마지기를 기증했고 김종숙이 헌금을 했다. 9칸 기와 예배당(ㅁ자형)과 6칸 초가 명동서숙(一자형)을 같이 세웠다.

척곡교회는 국내 유일의 정사각형 예배당이기도 하다. 예배당 입구에 있는 종탑의 모양이 독특하다. 영천 자천교회에서 본 종탑과 비슷하게 생겼다. 세월이 흐르면서 모습이 달라진 곳도 있다. 건축 당시의 기와는 없어졌고 함석이 교회 지붕을 대신하고 있다.

예배당 앞면은 붉은 벽돌로 마감 되어 있는데 1990년 증축하면서 벽돌로 쌓은 것이다. 원래는 동서 양쪽에 남녀가 들어가는 문이 있었지만, 벽돌 공사를 하면서 남쪽에 현관문을 새로 만들었다. 역사 깊은 건물에 왜 굳이 이런 수고를 했을까. 예배당 뒤는 사각형으로 툭 튀어 나왔다. 이 부분은 제단이 있는 곳이다. 예배당은 상·중·하인방 그리고 칸과 칸을 구별해 주는 기둥으로 눈에 띄게 뼈대를 세웠고 벽면은 하얀 페인트칠을 했다.

예배당 실내는 마룻바닥이고 긴 의자가 놓여 있다. 북쪽에 있는 제단은 움푹 들어가 있는 가운데 벽에 있는 정사각형 공간이다. 제단 입구를 아치형으로 했다. 강대상의 높이는 아주 낮은데 사방 모서리를 둥글게 마무리했다. 예로부터 둥근 것은 하늘, 네모난 것은 땅을 의미했다. 강대상과 제단으로 하늘과 땅을 표현한 것은 아닐까? 예배당 양쪽 벽에는 성미 자루가 걸렸던 못이 그대로 박혀 있다. 초기에는 남녀가 출입하는 문도 달랐고 앉을 때도 따로 앉았다. 남녀석 가운데 광목을 쳐서 강대상에 있는 설교자만 남녀 신자들을 볼 수 있게 했다.

교회 왼편에 있는 8칸 명동서숙은 1993년 새롭게 복원하면서 확장한 것으로 기념교육관으로 사용하고 있다. 명동서숙은 척

교회와 함께 학교를 세운 것은
신자들과 지역 주민에게 신앙을 전파하고,
항일독립정신을 심어 주기 위함이었다.

곡리의 다른 이름인 건명동乾明洞, 즉 '하늘 아래 밝은 동네'에서 가져왔다. 명동서숙은 일자형 건물이고 격자형 여닫이문으로 구성되어 있다. 뒤쪽에 툇마루가 있고 추울 때 불을 피울 수 있는 구들을 갖추고 있다. 한 칸은 여학생 기숙사로 사용했고, 나머지 다섯 칸을 교실로 활용했다고 한다. 학교를 세운 것은 신자들과 지역 주민들을 가르쳐서 그들에게 기독교 신앙을 전파하고, 항일독립정신을 심어 주기 위함이었다. 학교에서는 성경, 국어, 산수, 한자, 역사, 통역, 체조 등 다양한 과목을 가르쳤고, 입학 시험과 작문 시험에 반드시 애국과 독립에 대한 내용을 포함시켰다고 한다.

김종숙의 열심 있는 전도와 교육 열정에 힘입어 척곡교회는 봉화 지역에서 유력한 교회로 부상했다. 대부분의 지역 주민은 명동서숙에서 공부했고, 주일이면 120명이 모여 예배드릴 만큼 교회가 부흥했다. 그러나 김종숙이 신사참배를 반대하고, 독립운동 자금을 모으는 일에 앞장섰으며, 독립운동가들을 숨겨 준 것이 발각되면서 일본 경찰의 탄압을 받았다. 1940년 말 김종숙은 체포되었고 명동서숙은 폐쇄되었다. 교인들도 뿔뿔이 흩어져 버렸다. 김종숙은 해방이 되어서야 감옥을 나올 수 있었다.

김영성 장로는 여전히 할 말이 많아 보였다. "우리 할아버지

할아버지가 세우고
아버지가 지키던 교회를
은퇴한 아들이 보듬고 있다.

는 신학을 공부하지 않고 목사가 된 최초의 사람입니다. 할아버지는 봉화경찰서로 가서 경찰서장 책상을 주먹으로 내리칠 만큼 강단 있는 분이셨지요." 그가 얘기하는 할아버지가 김종숙이다. 김종숙은 1919년 장로로 취임했고 봉화 지역 여섯 교회를 담임했다. 해방된 다음 해 목사 안수를 받았다.

"우리 척곡교회가 면려회를 가장 먼저 시작한 교회입니다"라는 김 장로의 말에 잠시 당황스러웠다. 면려회는 안동교회에서 가장 먼저 시작한 것 아닌가……. "물론 기록상으로는 1921년 4월 5일 안동교회 당회에서 면려회를 시작하기로 결정한 것이 맞지요. 그러나 면려회를 조직하고 활동한 것으로 하면 우리 척곡교회가 먼저입니다. 5월 19일 앤더슨 선교사가 와서 면려회를 조직했고 축도까지 했거든요. 그날 면려회 회장으로 선출된 분이 우리 아버님이었습니다." 알고 보니 척곡교회 초대 면려회장인 김운학 씨가 김영성 장로의 부친이었다. "제가 여기 내려온 것도 아버님 때문입니다. 아버님이 제게 '척곡교회를 잊지 말라'고 유언하셨어요."

이제야 모든 의문이 풀렸다. 대한제국의 관리였던 김종숙은 을사늑약 이후에 처가가 있는 봉화로 내려와 척곡교회와 명동서숙을 설립했고, 그의 아들 김운학은 척곡교회 1대 면려회 회장이었다. 김운학은 죽기 전에 아들 김영성에게 척곡교회를 부탁했던 것이다.

아버지의 유언을 뿌리칠 수 없었던 김영성 장로는 교장 퇴임 후 척곡에 내려와 교회를 지키고 있다. 그가 이곳을 떠날 수 없는 이유는 아직도 해야 할 일이 많이 남았기 때문이다. 교회에 있는 자료들을 모아 사료집을 발간하는 것도 그의 일이다.

2011년 9월에 세례교인 명부(1907. 5. 17), 척곡교회 면려회 회의록, 척곡 면려회 회원 명부, 척곡교회 당회록 제2권, 척곡교회 기복금 기성회 회의록 등 다섯 개가 경북 지방문화재 제570호로 등재되었다. 문서가 지방문화재가 된 것도 최초다. 조만간 출간하게 될 사료집은 새문안교회에서 발간한 사료집 이후 두 번째다.

敬事天夫 하나님 아버지께 영광과 존경을 돌립니다
賜我食物 나에게 먹을거리를 주시니
每番不忘 매번 먹을 때마다 감사하여 잊지 않겠습니다

벽에 붙은 식사 기도문이 인상적이다. 다시 한 번 교회를 둘러본다. 2005년 영주노회 사적 지정 제1호, 2006년 6월 문화재청 등록문화재 제257호, 2006년 10월 총회 사적 지정 제3호. 이보다 척곡교회를 잘 설명할 방법도 없을 듯하다.

행곡교회

순교의 피를 흘린 교회

수로부인을 위한 신라 향가 〈헌화가獻花歌〉를 기억하는가? "나를 아니 부끄러워하신다면 꽃을 꺾어 바치리다" 하며 낭떠러지 바위 위에 핀 철쭉을 목숨 걸고 꺾어다 바친 노옹의 이야기. 《삼국유사》의 기록을 감안할 때, 이 설화의 배경은 울진읍에서 북면 고포마을에 이르는 해안가 어디쯤일 것이다. 누군가를 위해 죽을 수 있는 용기가 곧 믿음이다. 주님을 위해 생명을 포기했던 순교자들의 교회가 울진에 있다.

본래 강원도에 속했던 울진은 1963년 경상북도로 편입되었다. 울진 행곡교회는 강원도 지역의 초기 기독교 선교 역사를 가지고 경상북도로 넘어온 셈이다. 1908년 침례교와 감리교가 울진에 들어왔는데, 감리교는 일제 강점기를 거치면서 슬그머니 사라졌다가 해방 이후 다시 들어왔다.

행곡교회는 침례교단에 속한다. 침례교는 강경과 공주를 중심으로 선교한 엘라딩선교회와 원산에서 활동한 펜윅 선교사를 뿌리로 한다. 엘라딩선교회가 철수한 뒤에는 펜윅이 선교를 전담했다. 1906년 펜윅이 강경에서 창설한 '대한기독교회'가 침례교단으로 발전했다. 1908년 2월 공주교회에서 침례교 총회에 해당하는 제2회 대화회大和會가 있었는데, 울진 출신인 전치주, 남규연, 남규백 등이 참석한 점이 눈에 띈다. 이는 펜윅 선교사가 들어오기 전부터 복음을 받아들이려는 적극적인 노력이 울진에 있었다는 증거가 아닐까? 그해 11월 손필환 교사가 울진을 방문해 남규백의 초당집을 빌려 울진에서의 첫 예배를 드렸다.

행곡교회는 근남면 행촌리에 있다. 교회가 세워지고 얼마 동안은 남규백의 집에서 예배를 드리다 1910년 작은 초가 한 채를 짓고 예배를 드렸다. 1934년에는 남규백이 기증한 땅에 예배당을 옮겨 지었다. 울진 읍성 병영 건물을 해체하면서 나온 자재들을 가져다 지었다.

옛 예배당을 중심으로 동쪽엔 목회자 사택이 있고 왼쪽에는

1983년 건축한 현재 예배당이 있다. 하나씩 지어졌지만, 결과적으로 세 건물이 ㄷ자형으로 자리 잡고 있다. 교회 북쪽으로 울창한 숲이 감싸고, 남서쪽으로 개천이 흐른다. 나머지는 온통 논이다. 논이 바다처럼 교회를 둘러싸 교회는 자연히 섬이 된다.

옛 예배당은 정면 네 칸, 측면 두 칸짜리 한옥으로 동서로 긴 장방형이다. 막돌로 쌓은 단층(외벌대) 기단 위에 초석을 놓고 사각 기둥을 세우고 팔작지붕에 전통 기와를 얹었다는데, 1995년부터 금속 기와로 바꿔 올렸다. 출입구는 좌우로 열고 닫는 두짝미서기문이다. 벽 좌우에는 격자형 두짝미서기창이 나 있다. 정면 오른편에 있는 외여닫이문은 목회자 출입용인 듯하다. 내부는 통간으로 동쪽에 강단이 있다. 마룻바닥 한쪽 구석 마룻장을 들어내면 반 평 넓이, 2미터 깊이의 지하 방공호가 있다. 아마도 위급한 상황이 닥쳤을 때 피난처로 사용하려고 만든 것 같다. 천장은 원래 연등천장이었는데, 1973년 대들보 위를 합판으로 마감했다고 한다. 들보 밑면 상량문 묵서명墨書銘이 건축 재료의 출처를 알려준다. "嘉慶十四年己巳三月二十伍日午時立柱上樑"(가경14년 기사 3월 25일 오시 입주 상량). 청나라 연호 가경은 순조 9년에 해당하니, 울진 병영 건물은 1809년에 세웠음을 알 수 있다.

제단 위 강대상과 의자가 참 오래되었다. 백 년은 넘었을 것이란다. 놋쇠로 만든 손잡이 종도 마찬가지일 것이다. 교회를 오래도록 지키는 물건들이 있는 반면, 세월 따라 없어진 것도 있다. 설립 초기에는 남녀유별이 엄격해 남녀 출입구가 동서에 따로 있었다. 당시 강단은 북쪽에 있었고 남녀 예배석을 구분하기 위해 가운데를 광목으로 막았었다. 하지만 지금은 남녀 출입문도 없어졌고, 강대상 위치도 동쪽으로 바뀌었다. 건물 오른편에 외여닫이 문이 난 것도 강단의 위치가 동쪽으로 바뀌면서부터다.

행곡교회는 일제 강점기와 해방 후 혼란기와 함께 고난을 겪었다. 행곡교회뿐 아니라 침례교단 전체가 감당해야 하는 가시밭길이었다. 1930년대 일본은 궁성요배와 신사참배를 강요했다. 침례교와 성결교가 가장 크게 반발했다. 핍박과 죽음의 길로 뛰어든 것이다. 행곡교회 교인들의 희생도 컸다. 당시 침례교 감목(총회장)이었던 전치규 목사는 1941년 헌병대에 체포되어 혹독한 고문을 받았다. 결국 1944년 함흥 교도소에서 옥살이를 하다 영양 부족과 고문 후유증으로 죽고 말았다.

순교의 피는 해방 후에도 흘렀다. 신사참배 거부로 행곡교회는 폐쇄되었고 담임하던 전병무 목사는 감옥에서 신앙을 지켰다.

제단 위 강대상과 의자가
참 오래되었다.
교회를 오래도록 지키는
물건이 있는 반면
세월 따라 없어진 것도 있다.

해방 후 자유의 몸이 되었지만, 1949년 공비들에게 잡혀 남석천 성도의 집으로 끌려가 총살당했다. 남석천도 그날 죽임 당했다. 한국 침례교 역사상 예수를 위해 죽은 이는 스물한 명이다. 그중 셋이 행곡교회 출신이다.

목회자 사택도 꽤 오래돼 보인다. "사실 이 건물이 옛 예배당 건물보다 나이를 더 먹었어요. 우리 교인 중에 85세 할머니가 계신데, 사택에서 태어났대요." 담임 목사님이 슬쩍 일러주신다.

교회 뜰 앞을 지키는 모과나무가 한 그루 있다. 언뜻 봐서는 그리 크지도, 굵은 것 같지도 않은데 백 살을 넘겼다고 한다. 건물이고 나무고 백 년은 예사인 동네다. 교회를 나오다 '행곡리 처진 소나무'를 만났다. 수령이 350년이다. 교회 뜰 앞 모과나무는 아직 한창인 셈이다.

죽변면 화성리 용장교회는 행곡교회가 성장하면서 1909년 경 설립된 침례교회다. 이전 교회 건물은 마을 입구 왼쪽 밭에 있었다는데, 1936년 현재 위치로 옮겨 왔다. 마을 앞에 산이 하나 있는데 이 산을 중심으로 사방의 산이 조화를 이루어 마치 꽃잎 같고, 가운데 산은 꽃술 같다고 해서 꽃동네, 즉 화방花坊이라 불리다 화

꽃이 피어 열매 맺듯
행곡교회가 성장하면서
꽃동네 화성리에도
교회가 생겼다.

성리花城里가 되었다는 아름다운 마을이다. 또 마을 앞산과 뒷산이 연못에 비칠 때 용처럼 보인다 해서 용장龍場이라 불리기도 해서 교회 이름도 용장교회가 되었다.

교회는 정면 세 칸, 측면 두 칸의 단층 건물이다. 팔작지붕이던 지붕은 몇 년 전에 철판 기와로 바꿨고, 벽은 흙벽 위에 시멘트 모르타르를 뿌렸다. 출입문은 정면에 두짝미서기문을 두었고, 좌우에 두짝미서기창을 냈다. 교회 마당 왼편에 녹슨 공업용 산소통이 매달려 있다. 일제가 공출해 간 교회 종 대신 만들어 사용한 종이라고 한다.

통간인 내부에 들어서면 한식 마룻바닥이 깔려 있다. 강단은 출입구 오른편에 있고, 제단 벽에는 낡고 오래된 장의자가 붙어 있다. 천장은 고미 천장으로 대들보와 도리 사이에 나무 각재를 가로세로로 반듯하게 정렬해 놓았고 대들보와 천장이 붙어 있다. 대들보와 바닥을 잇는 쇠파이프가 눈에 띈다. 죽어 가는 고목을 살리기 위해 영양제를 꽂아 놓고 쇠파이프로 나뭇가지를 받쳐 주는 광경이 연상된다. 노인 몇몇이 모여 한 주 두 주 예배를 이어 가는 용장교회. 교회는 2006년 문화재청 등록 문화재 제287호로 지정되었다. 행곡교회도 제286호로 함께 지정되었다.

부록 주소록

강경북옥교회
충남 논산시 강경읍 북옥리 93-1 | (041)745-3162 | 등록문화재 제42호(2002)

강화읍성당
인천 강화군 강화읍 관청리 422 | (032)934-6171 | 사적 제424호(2001)

공주제일교회
충남 공주시 봉황동 10 | (041) 853-7007 | 등록문화재 제472호(2011)

금산교회
전북 김제시 금산면 금산리 290-1 | (063)548-4055 | 전북 지방문화재 제136호(1997)

대구제일교회
대구 중구 남성로 50 | 대구 유형문화재 제30호

두동교회
전북 익산시 두동리 385-1 | (063)861-0348 | 전북 지방문화재 제179호(2002)

목포양동교회
전남 목포시 양동 127 | (061)245-3606 | 등록문화재 제114호(2004)

목포중앙교회
전남 목포시 무안동 2-4 | 등록문화재 제340호(2009)

부대동교회
충남 천안시 서북구 부대동 118 | (041)556-2442

부산 주교좌성당
부산 중구 대청동 2가 18 | (051)469-7163

서도중앙교회
인천 강화군 서도면 주문도리 718 | (032) 932-7010 | 인천 지방문화재 제14호(1997)

수촌교회
경기 화성시 장안면 수촌리 674 | (031) 351-2161 | 경기 향토문화재 사적 제9호(1986)

승동교회
서울 종로구 인사동 137 | (02) 732-2340 | 서울 유형문화재 제130호(2001)

안동교회
경북 안동시 화성동 151 | (054)858-2000

온수리성당
인천 강화군 길상면 온수리 505 | (032) 937-9082 | 인천 지방문화재 제15호(1997)

용장교회
경북 울진군 죽변면 화성리 108 | (070)7672-9597 | 등록문화재 제287호(2006)

음성교회
충북 음성군 음성읍 읍내리 640-3 | (043)872-2462

자천교회
경북 영천시 화북면 자천3리 773 | (054)337-2775 | 경북 지방문화재 제425호(2003)

정동제일교회
서울 중구 정동 34 | (02) 753-0001 | 사적 제256호(1977)

진천교회
충북 진천군 진천읍 교성리 63-9 | (043)532-2246 | 등록문화재 제8호(2002)

척곡교회
경북 봉화군 법전면 척곡리 833 | 등록문화재 제257호(2006)

청주수동교회
충북 청주시 상당구 수동 202 | (043)255-4800 | 충북 유형문화재 제149호(1985)

청주제일교회
충북 청주시 상당구 남문로 1가 154 | (043)256-3814 | 기장총회 유적교회 제6호

행곡교회
경북 울진군 근남면 행곡리 102 | (054) 783-4252 | 등록문화재 제286호(2006)

한국 교회 처음 예배당

2013. 6. 17. 초판 1쇄 인쇄
2013. 9. 5. 초판 2쇄 발행
글 구본선 **사진** 장석철

펴낸이 정애주 **편집팀** 송승호 한미영 김기민 김준표 정한나 박혜민
디자인팀 김진성 박세정 조주영 **제작팀** 윤태웅 임승철 김의연
마케팅팀 차길환 국효숙 박상신 오형탁 곽현우 송민영 **경영지원팀** 오민택 마명진 윤진숙 염보미

펴낸곳 주식회사 홍성사 **등록번호** 제1-499호 1977. 8. 1.
주소 (121-897) 서울시 마포구 합정동 369-43
전화 02) 333-5161 **팩스** 02) 333-5165
홈페이지 www.hsbooks.com **이메일** hsbooks@hsbooks.com
트위터 twitter.com/hongsungsa **페이스북** facebook.com/hongsungsa
양화진책방 02) 333-5163

ⓒ 구본선·장석철, 2013
ISBN 978-89-365-0986-6 값 17,000원
※ 잘못된 책은 바꿔 드립니다.